FÉLIX LE DANTEC

Le Conflit

Entretiens Philosophiques

Librairie Armand Colin

Paris, 5, rue de Mézières

Le Conflit

DU MÊME AUTEUR

Dans la Bibliothèque scientifique internationale
(Félix Alcan, éditeur.)

I. *Théorie nouvelle de la Vie.*
II. *Évolution individuelle et Hérédité.*
III. *L'unité dans l'Être vivant* (sous presse).

Dans la Bibliothèque de philosophie contemporaine
(Félix Alcan, éditeur).

IV. *Le Déterminisme biologique et la Personnalité consciente.*
V. *L'Individualité et l'Erreur individualiste.*
VI. *Lamarckiens et Darwiniens.*

Dans la Collection « Scientia »
(Carré et Naud, éditeurs.)

VII. *La Sexualité.*

Dans l'Encyclopédie Léauté
(Masson et Gauthier-Villars, éditeurs.)

VIII. *La Matière vivante.*
IX. *La Bactéridie charbonneuse.*
X. *La forme spécifique.*
XI. *Les Sporozoaires* (en collaboration avec L. Bérard).

Droits de traduction et de reproduction réservés pour tous les pays,
y compris la Suède, la Norvège et la Hollande.

Coulommiers. — Imp. PAUL BRODARD. — 335-1901.

FÉLIX LE DANTEC

Le Conflit

Entretiens philosophiques

Librairie Armand Colin
Paris, 5, rue de Mézières

1901

Tous droits réservés.

A

SAMUEL ARNOLLET

Mon cher Sam,

Je voudrais que ce petit livre, fruit des loisirs forcés du Sanatorium, vous rappelât nos bonnes causeries de chaise longue, dans la galerie de cure d'air, devant les bois du Dergit et les falaises de la Trouée d'Hauteville-en-Bugey.

FÉLIX LE DANTEC.

LE CONFLIT

M. Fabrice Tacaud et l'abbé Jozon s'étaient rencontrés par hasard, dans une maison amie, au moment où ils faisaient l'un et l'autre, à la Sorbonne, des études très différentes. La sympathie était née de cette première rencontre et, pendant trois ans, les deux étudiants avaient eu beaucoup de plaisir à se revoir. L'abbé Jozon faisait des recherches historiques sur les premiers siècles du christianisme; Fabrice Tacaud étudiait les sciences positives et en était encore à cette période du début où l'on devine à peine, sous les difficultés des commencements, l'admirable moisson promise aux chercheurs courageux. Aussi avaient-ils échangé peu d'idées, mais ils étaient devenus excellents camarades et avaient eu plusieurs fois, en bons fils de paysans, la grande joie d'aller ensemble dans la vraie campagne se griser d'air pur et de soleil.

Cet amour des champs fait bien naître des amitiés entre les provinciaux exilés à Paris au temps des études.

Puis, les hasards de la vie les avaient séparés. L'abbé Jozon était parti pour Rome où il comptait poursuivre ses recherches, mais, la santé lui ayant fait défaut, il avait accepté à regret, comme une sorte de retraite anticipée, la place d'aumônier dans un couvent muni d'une bibliothèque passable.

Fabrice Tacaud avait au contraire continué ses études; il avait passé des mathématiques aux sciences physiques, puis s'était jeté à corps perdu dans les sciences naturelles, auxquelles il devait consacrer le reste de sa vie. Un bon naturaliste a fatalement le désir de contempler les divers aspects du monde : il voyagea donc; il vit les hommes, les animaux et les plantes de pays variés et lointains; il fut très malade et renonça aux voyages; il s'était d'ailleurs rendu compte que l'on trouve, sans sortir de son pays, des sujets d'étude bien suffisants quand on sait regarder autour de soi, et à partir de ce moment il s'efforça de comprendre les choses qu'il voyait, sans se préoccuper d'en observer de nouvelles. Neuf mois passés chaque année dans les laboratoires lui donnaient, l'été venu, le besoin impérieux de revivre la vie paysanne, et, fidèlement, il revenait à la saison chaude dans le même coin perdu de la basse Bretagne; il retrouvait avec un plaisir toujours nouveau les mêmes paysans pauvres et tristes qui l'aimaient et qu'il aimait; il connaissait leurs défauts, communs à tous les pays de misère, et il appréciait avec indulgence les quelques qualités que la pauvreté n'avait pas fait disparaître chez ces êtres malheureux.

L'été ne lui paraissait pas long dans cette solitude voulue où ses principales distractions étaient la cueillette des plantes du littoral et la pêche à marée basse autour des rochers; il fut cependant fort aise quand, au début de l'été 1900, il reçut la lettre suivante :

« Cher monsieur Tacaud, l'état de ma santé m'oblige à aller passer quelques semaines au bord de la mer bretonne; notre vieil ami X... m'a appris que vous y restez vous-même tous les étés. Pourrais-je sans difficulté m'installer dans vos parages? Je serais bien heureux de retrouver un camarade de jeunesse perdu de vue depuis vingt ans, et la perspective de quelques bonnes causeries avec vous adoucirait beaucoup pour moi la crainte que m'inspire naturellement ce voyage en pays inconnu.

« Mille bons souvenirs.

ABBÉ JOZON. »

M. Tacaud répondit immédiatement qu'une installation était possible; il assura l'abbé Jozon qu'il aurait beaucoup de plaisir à le revoir et à lui montrer le pays. Puis, la lettre partie, il eut une certaine appréhension.

Que seraient ces causeries dont l'abbé escomptait le charme? Au temps de leur jeunesse commune à Paris, les deux amis n'avaient guère discuté; l'abbé Jozon, ardemment catholique, avait bien essayé quelquefois d'entreprendre le jeune Fabrice au sujet de ce qu'il appelait son indifférence en matière de religion. Fabrice s'était toujours refusé à le suivre sur ce terrain, déclarant qu'il ne se sentait pas l'esprit assez mûr pour avoir sur ces questions des idées personnelles ; que, d'autre part, ses minces études scientifiques l'avaient déjà mis en garde contre les opinions toutes faites qu'on accepte sans les comprendre.

Aussi, dans leurs joyeuses promenades à travers les champs, ils n'avaient parlé que des fleurs et des oiseaux, des arts et des poètes, sujets assurément plus convenables à des jeunes gens bien portants que les dissertations philosophiques.

Mais, depuis vingt ans, M. Tacaud s'était formé, sur les questions générales, des opinions fondées et solides. Il avait conservé sa défiance pour les formules toutes faites, mais il avait appliqué ses connaissances scientifiques à la solution de quelques problèmes fondamentaux, et il ne pouvait se dissimuler que les conclusions auxquelles il était arrivé n'étaient pas conformes à celles dont son ami Jozon avait autrefois voulu lui démontrer la beauté. Et si cet excellent abbé n'avait pas changé, son ardeur apostolique devait naturellement choisir immédiatement les sujets de conversation sur lesquels toute entente était impossible.

Une telle perspective fit frémir intérieurement l'honnête M. Tacaud, homme d'un naturel paisible et peu combatif. Il se promit donc d'éviter autant que possible les discussions d'ordre philosophique; la langue et les antiquités bretonnes fourniraient d'ailleurs amplement aux conversations durant les promenades et fixeraient peut-être l'attention de l'abbé au point de le distraire des controverses religieuses. Si, malgré tout, ces controverses devenaient inévitables, M. Tacaud, résigné, essaierait d'en profiter pour analyser l'esprit d'un homme droit et sincère dont les opinions étaient si opposées à celles qu'il considérait lui-même comme seules logiques.

C'est dans cet état de demi-tranquillité qu'il attendit la venue de son ancien camarade d'excursion. Peu à peu, il se fit cependant à l'idée de discussions possibles, et, sans peut-être se l'avouer à lui-même, il désira ces conversations qu'il avait d'abord redoutées; il se prépara donc à les affronter, quand l'occasion s'en présenterait, avec le calme qui convient à un homme convaincu de la logique de ses raisonnements.

I

LA MÉTHODE ET L'ARGUMENT D'AUTORITÉ

L'abbé Jozon était très maigre, et son visage portait les traces d'une longue et douloureuse maladie; M. Tacaud oublia en le voyant toutes ses préoccupations d'ordre philosophique; il se reprocha cette sorte de défiance instinctive qui l'avait hanté les jours précédents, et s'efforça de ne pas laisser voir à son ami l'impression pénible qu'il éprouvait en retrouvant si affaibli et si émacié le beau jeune homme de jadis. On parla très affectueusement du temps passé; on évoqua des souvenirs pleins de vie et de jeunesse et l'on se proposa de recommencer bientôt, sur les côtes bretonnes, les délicieuses promenades des années d'étudiant.

Quelques heures ayant été employées à l'installation du voyageur, les deux amis se retrouvèrent pour le repas et dînèrent gaiement ensemble. M. Tacaud apprit à son ami mille petits détails concernant le pays; il lui raconta quelques traits caractéristiques de mœurs paysannes et s'étendit avec un réel plaisir sur tout ce qui concernait ce petit coin de terre très aimé.

Comme le repas finissait, une lumière rouge emplissait la salle à manger. On approcha les chaises de la fenêtre. Au-dessus des îles basses de la côte, le soleil rutilant paraissait énorme et ses reflets donnaient à la baie une couleur indéfinissable; peu à peu le disque vermeil s'échancra; il disparut enfin, laissant seulement à sa place une lueur rouge éparse sur les nuages et reflétée par la mer.

Les deux amis avaient assisté en silence à ce spectacle magnifique.

— C'est une de nos grandes joies dans ce pays, dit M. Tacaud, que de voir le coucher du soleil derrière les îles. Le phénomène se manifeste dans des conditions si variées que, chaque soir, il me paraît nouveau; il me procure une admiration béate qui se prolonge, dans la sérénité du crépuscule, jusqu'à l'heure du sommeil. J'espère, mon cher abbé, que, le temps restant beau, vous ressentirez sans tarder les bienfaits de nos calmes soirées bretonnes.

L'abbé semblait perdu dans une extase.

— Je n'avais encore jamais vu rien de semblable, dit-il enfin ; votre baie basse et semée de rochers ne ressemble pas aux côtes de la Méditerranée, la seule mer que j'aie connue ; on dirait que tous les îlots ont été placés à dessein dans ce décor calme, pour le plaisir des yeux au coucher du soleil. La variété des aspects du monde étonne le voyageur, qui reconnaît sous tant d'apparences diverses l'unité harmonieuse de l'œuvre de Dieu.

M. Tacaud ne répondit pas ; il se rappelait la forme religieuse des enthousiasmes de son ami dans leurs promenades d'autrefois, et il avait peur que la conversation prît une tournure peu favorable à la digestion tranquille dans la paix du soir...

— Mon cher monsieur Fabrice, dit enfin l'abbé, je n'ai pas oublié votre indifférence d'autrefois en matière de religion, mais vous avez travaillé sans relâche depuis vingt ans et je vous connais assez pour savoir que vous avez travaillé avec fruit; je pense donc que votre esprit s'est bien vite ouvert aux vérités éternelles et que vous avez constaté vous-même le bien fondé de la belle parole de Bacon : Peu de science nous éloigne de Dieu, beaucoup nous y ramène.

— Bacon, répondit lentement Fabrice, était un homme de génie et j'honore profondément sa mémoire; mais je ne me sens pas disposé à considérer toutes ses boutades comme des vérités définitives. Qu'était-ce d'ailleurs que ce « beaucoup de science » dont il parle? Beaucoup, pour ses contemporains, sans doute, sur lesquels il avait l'avance qui caractérise le génie; bien peu pour nous qui, aujourd'hui, sommes riches des conquêtes du xix° siècle. A l'époque où j'ai eu le plaisir de vous rencontrer à Paris, je possédais, pauvre étudiant quelconque, beaucoup plus de connaissances scientifiques que Bacon avec son génie. Les élèves de nos lycées, qui considèrent comme une tâche maussade et pénible d'apprendre les lois de la physique et de la chimie, ne se doutent pas qu'au siècle dernier les plus puissants cerveaux humains auraient accueilli avec un bonheur immense les plus élémentaires des vérités scientifiques qui remplissent aujourd'hui les manuels d'enseignement secondaire.

— Il n'est peut-être pas équitable, dit l'abbé, de traduire comme vous le faites le mot « science » de la parole de Bacon, et je pourrais vous montrer que cette belle pensée a une signification indépendante des époques; mais puisque le hasard nous a conduits sur ce terrain des croyances religieuses, je serais bien aise de savoir où vous en êtes; nous avons l'un pour l'autre des sentiments qui nous permettent de discuter en toute amitié, et, si vous voulez bien m'exposer l'état de vos convictions, j'aurai peut-être le bonheur de vous montrer le côté faible de vos raisonnements et de vous ramener à la vérité.

— Je vous ferai remarquer, mon cher abbé, que vous allez un peu vite en besogne; vous condamnez mes raisonnements avant de les connaître, parce que vous devinez qu'ils me suggèrent des conclusions contraires à celles que l'on vous a enseignées; cela ne promet pas de votre côté une grande impartialité dans la discussion ; mais je vous préviens que vous aurez affaire à un adversaire tenace : depuis plus de vingt ans que j'étudie la nature et que j'essaie de la comprendre, je me suis fait des convictions solides, et, comme mon seul désir était de trouver la vérité, j'ai cherché, en toute bonne foi, les objections que pouvait soulever mon système. Il me semble peu probable que vous trouviez en quelques heures, à mes raisonnements, des côtés faibles qui m'ont échappé pendant vingt ans.

— Mon cher monsieur Fabrice, répondit l'abbé Jozon, vous ne récuserez pas certainement l'autorité d'un homme de science comme M. Duclaux. « Qu'est-ce qu'un raisonnement scientifique ? dit-il quelque part. Tout simplement ceci : un raisonnement fait avec la crainte salutaire de se tromper et la ferme volonté d'en éviter l'occasion. » Si vous avez réellement la volonté de ne pas vous tromper et le désir bien sincère de reconnaître vos erreurs, vous devez considérer comme très utile de discuter vos idées avec quelqu'un qui ne pense pas comme vous.

— Je ne m'attendais certes pas, dit avec étonnement M. Tacaud, à vous entendre citer cette phrase de Duclaux, et je ne vous déguise pas qu'elle me rassure complètement sur la tournure que peut prendre la discussion ; je m'étais habitué, je l'avoue, à considérer les croyances religieuses comme incapables de s'allier à l'esprit scientifique et comme faisant sombrer fatalement, dans une certitude pleine de calme, la crainte salutaire de se tromper à laquelle vous faites allusion. Ayez cette crainte salutaire comme je l'ai moi-même et nous ne pouvons manquer de nous entendre, puisque nous avons tous deux des cerveaux sains et capables d'apprécier la logique d'une déduction.

— Il y a des vérités à l'épreuve, répondit l'abbé, mais n'anticipons pas, et, puisque cette belle soirée nous invite aux conversations philosophiques, je serais bien aise d'apprendre de vous quel est l'état actuel de vos croyances, quel est ce *système* dont vous parliez tout à l'heure.

— Je craindrais de vous fatiguer ce soir, dit M. Tacaud, en vous exposant longuement ce qui me paraît être la vérité ; vous avez passé la nuit dernière en voyage et vous devez avoir besoin de repos.

Les yeux de l'abbé brillèrent.

— Soyez bien tranquille, mon cher monsieur Fabrice, répondit-il. Mon corps est fatigué par le voyage, mais une bonne discussion philosophique me fera plus de bien qu'une heure de lit et, d'ailleurs, je dois vous avouer que maintenant je ne pourrais plus dormir sans savoir jusqu'à quel point vous êtes enfoncé dans l'erreur et sans avoir songé au moyen de vous en tirer.

L'honnête M. Tacaud ne put s'empêcher de sourire, en entendant prononcer cette nouvelle condamnation de son système; il prit néanmoins toutes les dispositions pour commencer à parler; il se moucha, toussa, et regarda sa montre :

— Vous me rappeliez tout à l'heure, monsieur l'abbé, dit-il enfin, ce que vous appeliez mon indifférence en matière de religion au temps où nous étions jeunes tous deux; il eût mieux valu m'accuser seulement de répugnance à accepter des formules toutes faites, car le soin que j'ai mis depuis vingt ans à me former une opinion sur toutes les questions générales prouve que ces questions ne me laissaient pas indifférent. A l'époque où nous nous sommes connus, j'avoue cependant que je n'envisageais pas comme immédiatement possible pour moi, d'aborder les grands problèmes que j'ai étudiés depuis ; je n'étais qu'un étudiant en sciences expérimentales, et je voulais apprendre d'abord ce qu'avaient écrit les savants ; j'espérais, sincèrement, trouver, dans cette étude, la satisfaction totale de mon désir de comprendre. C'est la lecture des œuvres de Claude Bernard...

— Claude Bernard est mort en croyant, interrompit l'abbé.

— C'est la lecture des œuvres de Claude Bernard, reprit M. Tacaud, qui causa ma première désillusion. J'avais été élevé dans l'admiration de son génie et, avant de le connaître, j'étais déjà habitué à le considérer comme un géant. Je ne vous cacherai pas, d'ailleurs, que je le place aujourd'hui à côté de Pasteur dans les hommes qui ont le plus fait pour la science et l'humanité.

— Pasteur aussi était spiritualiste et a fait une fin édifiante, dit l'abbé Jozon.

— Nous reparlerons de cela un peu plus tard, répondit Fabrice. Je vous disais seulement que Claude Bernard m'avait causé une désillusion : c'est que je m'imaginais, avec la candeur de la jeunesse, trouver dans ses livres, l'explication de toute la physiologie. J'avais déjà lu beaucoup de ses œuvres sans y trouver la réponse aux questions que je me posais, et ce fut avec un réel bonheur que je me consacrai à celui de ses ouvrages qui me paraissait devoir contenir toutes les vérités dont j'avais soif; c'est le volume intitulé: *Recherches sur les phénomènes de la vie communs aux animaux et aux végétaux.*

— Je n'ai pas lu cet ouvrage, mais je sais qu'il fait autorité, interrompit l'abbé.

— C'est justement pour cela que j'espérais y trouver la vérité clairement exprimée, reprit M. Tacaud. Et je ne saurais vous dire mon désappointement quand je vis que cet admirable livre me paraissait plein d'obscurités et de contradictions. Avec la modestie qui convenait à mon âge, je ne pus que me considérer comme incapable de le comprendre; tout le monde s'accordait en effet à le trouver merveilleusement clair; puisqu'il me paraissait obscur, c'est que je n'étais qu'un imbécile ou que j'avais un bandeau devant les yeux. Vous comprenez aisément le chagrin que j'éprouvai en faisant cette constatation. Je ne me rebutai pas cependant, et je m'acharnai dans la lecture du livre de Claude Bernard. Je l'ai lu plus de dix fois, et à mesure que je le relisais, je me persuadais que les obscurités et les contradictions y étaient réelles. J'ai perdu, en faisant cette constatation, ma foi primitive dans l'argument d'autorité.

— L'argument d'autorité, dit sentencieusement l'abbé, s'emploie efficacement pour convaincre les foules; il ne saurait être utilisé à l'égard d'un homme qui pense par lui-même et qui se sent capable de raisonner et de discuter les opinions des autres hommes. Une œuvre purement humaine ne saurait d'ailleurs constituer une autorité absolue; l'infaillibilité appartient seulement aux œuvres qui sont inspirées de Dieu.

— Il me restait un auteur dont j'avais également entendu vanter les ouvrages, dit Fabrice; je commençai *l'Origine des espèces*, de Darwin.

— Esprit faux et superficiel, formula l'abbé Jozon.

— Il n'a pas eu, en effet, une fin édifiante, répliqua M. Tacaud, mais je dois vous avouer que la lecture de son livre me plongea dans une admiration profonde. Je vécus longtemps sur ce livre et j'y trouvai des joies infinies! je croyais posséder enfin la vérité éclatante et je goûtai pendant quelques semaines un repos, une béatitude, analogues probablement au bonheur que vous procure votre foi chrétienne. Je me rendis compte, peu à peu, que l'explication si séduisante de Darwin n'était pas complète, mais, aujourd'hui encore, je ne puis relire ce livre admirable sans me laisser aller à l'enthousiasme; je suis darwiniste chaque fois que je lis Darwin.

— Vous me peignez fidèlement, dit en souriant l'abbé, les joies fausses et de peu de durée que nous procurent les œuvres dictées par l'Ennemi des hommes. Je suis heureux néanmoins de constater que vous avez apprécié la pauvreté de cette nourriture, malgré son goût délicieux, et j'enregistre avec plaisir l'aveu que vous n'êtes pas darwiniste, en dehors de certains moments d'erreur.

— Je crains de vous avoir involontairement trompé : je ne suis pas darwiniste en effet, parce que je crois que la sélection naturelle n'explique pas tout, mais je suis transformiste aussi convaincu qu'ont pu l'être Darwin et Lamarck.

Darwin a tellement fait pour la vulgarisation de la théorie transformiste, qu'on a fait du darwinisme le synonyme de transformisme. On peut cependant admettre la transformation des espèces sans croire que l'explication darwinienne soit suffisante.

— J'avais, en effet, mal compris, dit l'abbé, et je le regrette : ce sera une erreur de plus à combattre ; mais ne nous occupons pas pour le moment de cette question particulière ; j'écoute avec le plus grand intérêt l'histoire de votre esprit et de vos convictions scientifiques.

— En m'apercevant que l'explication de Darwin n'était pas satisfaisante, reprit M. Tacaud, je perdis définitivement toute confiance dans l'autorité des savants...

— Et vous fîtes sagement, interrompit l'abbé. L'Église seule tient de Dieu l'infaillibilité, et les hommes de science ne sauraient découvrir que des parcelles secondaires de vérité. La science ne satisfera jamais notre âme avide d'infini.

— Je résolus donc, continua M. Tacaud en souriant, de n'emprunter aux savants que les résultats positifs de leurs découvertes ; je m'efforçai de me faire à moi-même une synthèse raisonnée des faits acquis à la science, en suivant à la lettre cet orgueilleux principe de Descartes : « Ne cherchez pas ce qu'on a pensé ou écrit avant « vous, mais sachez vous en tenir à ce que vous « reconnaissez vous-même pour évident. »

L'abbé Jozon fit de la tête un signe d'assentiment.

— Les phénomènes vitaux m'attiraient plus particulièrement et je me lançai dans leur étude que je n'ai pas abandonnée depuis vingt ans. Je commençai cette étude sans idée préconçue; je savais seulement que je ne savais rien, et je m'efforçai de comprendre...

— Je vous arrête immédiatement, dit brusquement l'abbé; vous dites que vous n'aviez pas d'idée préconçue; mais c'en était déjà une que de n'en pas avoir, puisque par cela même vous niiez la révélation, grâce à laquelle nous avons de la nature de la vie une connaissance qui suffit aux esprits les plus difficiles.

— Elle ne suffisait malheureusement pas au mien, répondit tranquillement M. Tacaud; remarquez que je ne nie aucunement la révélation — je n'y étais pas, — mais elle nous explique l'infini que nous ne pouvons comprendre, en nous apprenant l'existence d'un être infini que nous ne comprenons pas davantage. Elle nous explique la vie par l'intervention d'un principe immatériel dans les phénomènes matériels, et mon esprit est fait de telle façon qu'il ne peut concevoir cette intervention; je ne puis donc être satisfait d'une explication qui répond à un mystère par un mystère aussi insondable.

— Vous avez sans doute trouvé une explication meilleure, dit ironiquement l'abbé Jozon.

— C'est précisément le problème que je me suis proposé, répondit Fabrice. Je crois que parmi les manifestations vitales beaucoup se ramènent à des phénomènes physiques ou chimiques; or, les phénomènes physiques et chimiques donnent à mon esprit une satisfaction réelle, quoique je n'aie jamais cherché à en pénétrer l'essence; je connais quelques lois physiques et je constate qu'elles s'appliquent partout et toujours : cela me suffit; je laisse aux métaphysiciens la recherche des causes premières.

— Autrement dit, fit l'abbé Jozon, vous niez

Dieu plutôt que d'essayer de remonter jusqu'aux faits qui prouvent son existence.

— Je ne nie rien, mon cher monsieur Jozon, et j'espère vous le montrer tout à l'heure ; je vous ai dit seulement que mon esprit s'accommode parfaitement des lois physico-chimiques et que j'éprouve une satisfaction réelle chaque fois que j'arrive à rapporter à ces lois simples et générales un phénomène vital. Beaucoup de ces phénomènes s'y ramènent facilement, et mon but, depuis vingt ans, a été de rechercher si *tous* s'y ramenaient de la même manière. En faisant cette recherche, je n'avais, je vous l'assure, aucune idée préconçue ; je voulais seulement me former de la vie une idée qui fût satisfaisante pour mon esprit. Je n'avais donc aucune raison de passer par-dessus les difficultés puisque, en agissant ainsi, je n'aurais trompé que moi seul. Et si j'avais été arrêté en route, je me serais confessé à moi-même, en toute humilité, qu'il y a, dans les phénomènes vitaux, des choses auxquelles mon esprit ne peut atteindre. J'aurais donc accepté l'explication courante, quoiqu'elle ne me satisfasse pas, c'est-à-dire que je me serais résigné à ne rien expliquer. Mais cela n'est pas arrivé, et je crois fermement aujourd'hui que *rien*, dans les manifestations de la vie, n'est au-dessus des explications physico-chimiques.

— Vous êtes donc matérialiste, mon pauvre ami, dit l'abbé, et cela me chagrine vraiment d'un esprit comme le vôtre ; c'est la Providence qui m'a conduit ici pour vous tirer de l'erreur où vous vous enfoncez à grands pas ; la bonté de Dieu est infinie, si ses voies sont mystérieuses.

— Je crains, mon cher abbé, que vous n'ayez beaucoup de peine à me tirer de l'erreur où m'a plongé une étude raisonnée poursuivie sans relâche pendant vingt ans ; mais soyez convaincu que je serai heureux de connaître vos arguments ; je me suis fait à moi-même toutes les objections que j'ai crues possibles et je vous serai très reconnaissant de m'en faire de nouvelles. Malheureusement, je crains que vos études historiques vous aient peu préparé à une discussion d'ordre scientifique. Je vous avouerai d'ailleurs que, au début de mes recherches, je ne croyais pas possible la compréhension totale des phénomènes vitaux ; je me rappelle avoir passé bien longtemps à observer au microscope la vie des êtres les plus simples, de ces êtres qui ne sont qu'une gelée informe et qui sont vivants! Pendant plusieurs mois ce spectacle m'a attiré et fasciné presque sans me rien apprendre, et j'ai souvent éprouvé, devant ces phénomènes élémentaires, une impression de vertige. Ce n'est que petit à petit que je suis arrivé à comprendre *toutes* les manifestations vitales des protozoaires et à me rendre compte des phénomènes physiques et chimiques qui les expliquent. Je ne m'étonne pas que, vous attaquant d'emblée à l'étude de l'homme, qui est l'être le plus complexe, vous éprouviez immédiatement cette impression de vertige que j'ai éprouvée devant l'amibe, et que vous considériez d'emblée comme ridicule tout essai d'explication physico-chimique de la vie.

— Le matérialisme est définitivement condamné, proclama l'abbé; ses explications ont été reconnues incomplètes.....

— Il n'est pas équitable de condamner les théories sans les connaître, interrompit M. Tacaud, et si des théories incomplètes ont été émises à une époque où la science était encore trop jeune, leur condamnation n'entraîne pas fatalement celle des systèmes de plus en plus solides qui s'édifient sur les nouvelles découvertes de la physiologie. Peut-être les spiritualistes feraient-ils bien d'apprendre les sciences avant de déclarer que la science a fait faillite.

— Le simple bon sens, répliqua l'abbé, suffit à nous montrer la vanité d'explications qui nient les principes supérieurs dont notre raison nous démontre l'évidence.

— C'est donc que je manque de bon sens, répondit M. Tacaud avec une pointe d'humeur.

— Je vous demande pardon, mon excellent ami, dit l'abbé; je suis si étonné de trouver un matérialiste convaincu dans un homme comme vous, que je ne mesure pas assez mes paroles. J'avais rencontré jusqu'à présent des matérialistes et des athées parmi quelques piliers de cabaret qui avaient puisé dans les réunions publiques un certain nombre de formules toutes faites, mais je n'avais pas pensé que la même tare mentale pût être, chez un homme intelligent, le fruit de longues études et de profondes réflexions. Pour moi qui *sais* que la vérité a été révélée, pour moi qui connais et qui aime cette vérité lumineuse, il est difficile de concevoir qu'une âme humaine, pleine de bonne foi et de bonne volonté, soit fermée à ce qui est l'évidence pour les créatures les plus simples.

— Cependant, objecta Fabrice, si cette vérité lumineuse était en contradiction avec les découvertes de la science.....

— Cela est impossible, interrompit l'abbé; par cela même qu'elle est d'origine divine, la vérité révélée pourra tirer, des découvertes que Dieu permettra à la science de l'homme, une vérification qui la rendra encore plus évidente; mais il ne saurait y avoir de conflit entre la science et la religion; les parcelles de vérité qui sont directement à la portée de l'intelligence humaine ne pourront que se fondre harmonieusement dans la grande lumière de la révélation.

— Si cependant, maintint M. Tacaud, un conflit se produisait.....

— Il proviendrait d'une erreur d'interprétation, répondit avec confiance l'abbé Jozon. Il n'y a pas deux vérités, et si une découverte de la science semble aller contre la religion, c'est que cette découverte contient une part d'erreur; tôt ou tard, avec l'aide de Dieu, les savants s'apercevront que leur orgueil les a trompés quand ils ont cru trouver dans la science un argument contre la foi.

— J'admire votre sérénité, dit M. Tacaud, mais je vous avouerai que je la partage entièrement. Je crois à la science comme vous croyez à la révélation, et je suis convaincu que la science découvrira ce qu'il y a d'erroné dans le dogme auquel vous attribuez une origine divine. Je ne dis pas que la science vous donnera une démonstration de la non-existence de Dieu; elle vous démontrera seulement que tout se passe exactement comme si Dieu n'existait pas, et puisque Dieu n'explique aucun mystère sans le remplacer par le mystère encore plus grand de sa propre existence, peut-être renoncerez-vous à cette notion qui nous vient de nos ancêtres plus ignorants.

— Je suis confondu devant tant d'orgueil, reprit l'abbé; permettez-moi seulement de vous soumettre une remarque que j'ai trouvée dans un livre récent[1]: « La raison des vulgarisateurs athées se réclame de Descartes; leur science, de Newton;

---

1. Godard, *Le Positivisme chrétien*, p. 72.

leur méthode, de Bacon. Or Newton a écrit :
« Dieu régit tout, non comme âme du monde,
« mais comme souverain absolu de ce qui est.
« Puissance, Providence, causes finales, consti-
« tuent la Divinité. » Descartes a écrit : « S'il y a
« encore des hommes qui ne soient pas assez per-
« suadés de l'existence de Dieu et de leur âme, je
« veux qu'ils sachent que toutes les autres choses
« dont ils se croient peut-être plus assurés, comme
« d'avoir un corps, sont moins certaines. » Bacon
a écrit — ce que je vous disais tout à l'heure :
« Un peu de science éloigne de la religion, beau-
« coup de science y ramène. »

— Je considère Descartes, dit M. Tacaud, comme le plus grand génie dont puisse s'honorer l'humanité, mais, ni Descartes, ni Newton, ni Bacon n'ont connu les découvertes de la science au XIXe siècle, et, permettez-moi de vous l'affirmer en connaissance de cause, ce qui constituait la science au temps de Descartes est, par rapport à notre science actuelle, ce que serait une goutte d'eau comparée à l'Océan.

— Puisque vous n'acceptez pas l'autorité trop ancienne de ces trois hommes de génie, répondit l'abbé, du moins ne répudierez-vous pas celle de Pasteur, qui a connu le xix° siècle et a, vous l'avouerez bien, modestement contribué à l'avancement des sciences dans cette époque de lumière.

— J'ai justement ici le numéro de *La Quinzaine* qui rend compte du livre de M. Vallery-Radot, dit M. Tacaud, et je sais à quels passages des discours du maître vous faites allusion ; je les ai marqués d'un signet et je vais vous les lire si vous le voulez, quoique les revues catholiques vous en aient probablement rebattu les oreilles. Mon Dieu, en a-t-on assez joué de cette *Vie de Pasteur*! Quelle proie pour les spiritualistes que le spiritualisme de cet homme de génie !

— Relisons-les, néanmoins, fit l'abbé ; il y a là de grandes vérités qu'il est toujours salutaire d'entendre à nouveau.

M. Tacaud alla chercher la brochure et la rapporta bientôt.

— Voici d'abord, dit-il, le discours à l'Académie de médecine :

« En chacun de nous il y a deux hommes : le savant, celui qui a fait table rase, qui par l'observation, l'expérimentation et le raisonnement veut s'élever à la connaissance de la nature, et puis l'homme sensible, l'homme de tradition, de foi ou de doute, l'homme de sentiment, l'homme qui pleure ses enfants qui ne sont plus, qui ne peut, hélas! prouver qu'il les reverra, mais qui le croit et l'espère, qui *ne veut pas* mourir comme meurt un vibrion, qui se dit que la force qui est en lui se transformera. Les deux domaines sont distincts et malheur à celui qui veut les faire empiéter l'un sur l'autre, dans l'état si imparfait des connaissances humaines. »

— Cela est vigoureusement pensé et nettement dit, formula l'abbé; les deux domaines sont distincts; les découvertes de la science ne sauraient atteindre la foi.

— Pasteur affirme là qu'il ne *veut* pas mourir tout entier, répondit M. Tacaud; beaucoup de gens pensent ainsi et *veulent* croire à la vie éternelle; cela n'est pas une démonstration, mais de nombreuses croyances s'expliquent par ce désir. Quant à admettre qu'il y a deux hommes en chacun de nous, cette métaphore exprime fort agréablement la lutte de l'hérédité contre l'éducation au sens large. Et je vous dirai même que ce dédoublement de la personnalité, Pasteur en donne une preuve irrécusable dans le passage que nous venons de lire; il est bien certain pour moi que ce n'est pas *le savant* qui établit à priori la distinction entre le domaine de la science et celui de la foi; et si ce n'est pas le savant, quelle valeur cette affirmation tire-t-elle du fait qu'elle est prononcée par Pasteur?

— Votre raisonnement est bien subtil, mon cher monsieur Tacaud, répondit l'abbé, mais voyons encore ce que dit le grand homme dans son discours au collège d'Arbois.

— C'est précisément l'autre page que j'ai marquée dans *La Quinzaine*; je suis vraiment étonné de voir combien il a fallu peu de temps pour que les apôtres de l'Église connussent tous les bons passages des discours de ce pauvre Pasteur. Voici, mon cher abbé, le paragraphe demandé : « Savez-vous ce que réclament la plupart des libres penseurs? C'est, pour les uns, la liberté de ne pas penser du tout et d'être asservis par l'ignorance; pour d'autres, la liberté de penser mal; pour d'autres encore, la liberté d'être dominés par les suggestions de l'instinct et de mépriser toute autorité et toute tradition. »

Ici M. Tacaud interrompit sa lecture :

— Je me placerais volontiers, dit-il, dans cette troisième catégorie des libres penseurs qui méprisent l'autorité et la tradition, mais j'aurais cependant de la peine à considérer mes raisonnements comme des suggestions de l'instinct ; je crains que l'orateur n'ait employé là un mot à effet qui n'était peut-être pas très juste.

— Je crois comme vous, dit l'abbé, mais ce discours était destiné à des enfants et il fallait surtout frapper leur imagination par des expressions vigoureuses, pour les garder des théories erronées qui aujourd'hui courent les rues.

— Ces expressions sont certainement très vigoureuses, dit M. Tacaud, et il continua sa lecture : « La libre pensée dans le sens cartésien, la liberté dans l'effort, la liberté dans la recherche, le droit de conclure sur le vrai accessible à l'évidence et d'y conformer sa conduite, oh ! ayons un culte pour cette liberté-là ; c'est elle qui a fait la société moderne dans ce qu'elle a de plus élevé et de plus fécond ; mais la libre pensée qui réclame le droit de conclure sur ce qui échappe à une connaissance précise, la liberté qui signifie matérialisme ou athéisme, celle-là, répudions-la avec énergie. »

— Bravo, fit l'abbé Jozon.

— Bravo, répéta en souriant M. Tacaud. Si jamais un libre penseur réclame le droit de conclure sur ce qu'il ne connait pas, anathème soit-il ! Mais que direz-vous d'un libre penseur qui, raisonnant uniquement *sur le vrai accessible à l'évidence*, se trouvera par mégarde en contradiction avec le dogme?

— Cela est impossible, je vous l'ai déjà dit, répondit l'abbé.

— Nous discuterons cela une autre fois, car il se fait tard, reprit M. Tacaud; mais puisque nous parlons de Pasteur, laissez-moi vous dire quelle admiration j'ai pour ses immortelles découvertes; vous verrez, mon pauvre ami, que ce seront les conquêtes de ce spiritualiste qui donneront au matérialisme une base inébranlable. Pasteur, par une cruelle ironie, sera le père du matérialisme scientifique et ce sera peut-être son plus grand titre de gloire dans l'avenir. Mais il est né dans une famille croyante, il a été entouré de gens croyants, toute sa vie, et autant que j'ai pu le savoir d'un de mes amis qui l'a longtemps approché, il n'a jamais voulu s'occuper beaucoup des questions de haute philosophie. Il ne voulait pas mourir, et il appréhendait tout ce qui lui rappelait l'idée de la mort. Vous voyez donc que les quelques paroles précédentes ne méritent pas d'être prises au sérieux comme arguments d'autorité ; j'aime mieux l'autorité de ses travaux d'ordre scientifique et je m'y tiens.

— Vous êtes rempli d'orgueil, monsieur Tacaud, dit sentencieusement le prêtre ; vous convenez vous-même qu'il n'y a pas eu de plus grand génie que Pasteur, et vous n'acceptez pas les conclusions qu'il a tirées lui-même de ses propres travaux.

— Si c'est être orgueilleux que de refuser de me rendre à ce qui ne satisfait pas ma logique, je suis en effet rempli d'orgueil, répondit M. Tacaud ; je vous l'ai déjà dit, je ne saurais me laisser convaincre par un argument d'autorité. Je me répète d'ailleurs, pour me consoler, que les croyances de Pasteur, il l'affirme lui-même, n'avaient aucunement ses travaux comme point de départ. Pasteur était spiritualiste de naissance et de milieu; ses idées philosophiques n'ont pas évolué avec ses découvertes; elles étaient toutes faites et inébranlables quand il a commencé à travailler; il n'y avait d'ailleurs pas encore eu au monde un savant dans les œuvres duquel Pasteur jeune eût pu puiser cette croyance au déterminisme vital que ses élèves ont tirée de ses découvertes. Il faut être adolescent et avoir l'esprit souple pour pouvoir aiguiller librement sa croyance; quand Pasteur a trouvé les cultures pures, il avait passé l'âge; il a travaillé pour ses successeurs. Vous savez bien vous-mêmes, messieurs les ecclésiastiques, combien il est difficile de déraciner des croyances inculquées à un enfant lorsque cet enfant est devenu homme, et c'est pour cela que vous attachez tant d'importance au catéchisme.

— Le catéchisme, dit l'abbé, est une chose salutaire; il empêche la mauvaise semence de s'implanter chez celui qui a été nourri de ses excellents principes.

— Nous sommes donc d'accord, répliqua

Fabrice. Pasteur était prémuni par son éducation religieuse contre les conclusions matérialistes qu'il eût pu tirer de ses travaux. Il était croyant avant d'être Pasteur et il l'est resté, quoique Pasteur. Cela n'empêche pas que son œuvre gigantesque ait ouvert à ses successeurs des horizons qu'il n'a pas voulu voir.

— Vous m'avez prévenu avec raison que vous étiez tenace, mon cher monsieur Tacaud, répondit l'abbé. Je vois que vous appartenez tout entier à l'erreur, et cela, à un point que je ne croyais pas humainement possible; mais vous vous trompez avec une bonne foi si évidente que Dieu aura pitié de vous. Puissé-je être celui qui vous ouvrira à la lumière!

— J'en doute, mon cher abbé, dit Fabrice; mais je ne vous en serai pas moins reconnaissant de vos efforts. Et puis, je vous l'avoue, je ne serai pas fâché non plus de voir comment, à l'aurore du xxe siècle, un homme intelligent peut s'accommoder en toute sincérité de la doctrine chrétienne. Nous sommes l'un pour l'autre un sujet d'étonnement, nous aurons donc grand profit et grand plaisir à causer ensemble; mais je suis désolé de vous avoir tenu si tard éveillé ; allons nous coucher.

— Allons nous coucher, acquiesça l'abbé Jozon, et puisse la lumière vous éclairer !

— Amen, dit Fabrice.

II

LES SUPERSTITIONS ET LA GÉOLOGIE

Ploumanac'h est un pauvre village de pêcheurs ; le port, naturellement fermé par d'immenses rochers de granit, ne communique avec la haute mer que par un étroit passage et offre aux petits bateaux un abri sûr contre les plus violentes tempêtes. Sur la côte si rude de la Manche, peu d'endroits étaient, il y a quelques années, plus misérables que Ploumanac'h ; de pauvres chaumières basses disparaissaient au milieu des rochers gris, et les hommes vivaient là pêle-mêle avec des cochons qu'ils engraissaient des fruits de la mer.

Depuis que les plages maritimes sont envahies, l'été, par la foule des grandes villes, Ploumanac'h a subi le sort commun : on y a construit des villas, les unes simples, les autres prétentieuses, mais les chaumières des indigènes sont restées aussi pauvres et aussi sales, et le purin coule encore, dans les étroites ruelles, entre les habitations des hommes et les tas de fumier de porc.

De toute la côte si pittoresque de la Bretagne, aucun site n'est plus bizarre. Des milliers de rochers gigantesques aux formes arrondies s'accumulent en des amas extravagants, dans lesquels l'imagination des touristes a naturellement trouvé des figures et des ressemblances. Ici, un éléphant monstrueux porte une baleine sur le dos de laquelle repose, par un miracle d'équilibre, une tortue à la carapace rebondie. Là, une énorme limace semble brouter des champignons dont les chapeaux abriteraient de nombreux cavaliers. Plus loin, une fente régulière, entre deux piles verticales de rochers ronds, représente la brèche de Roland… A chaque pas une surprise attend le voyageur ; c'est une confusion, un chaos indescriptible de masses grises et rouges, dont l'ensemble grandiose tourmente l'esprit. On admire d'abord, mais bientôt on souffre, on étouffe au milieu de cette formation d'une incohérence troublante; on désire un paysage calme, aux lignes pures et larges...

M. Tacaud promenait son ami parmi ces merveilles naturelles; l'abbé Jozon exprimait à chaque instant son admiration et sa surprise, mais commençait cependant à éprouver une lassitude dont il ne se rendait pas bien compte : ce fut avec un réel soulagement qu'il arriva au bord d'une petite crique d'où la vue embrassait une plage de sable fin et une assez grande étendue de mer dormante.

— Voici, dit M. Tacaud, la plage où débarqua notre apôtre Guirec, lorsqu'il vint d'Irlande, dans une auge de pierre, pour évangéliser les rudes habitants d'Arvor. Vous voyez d'ailleurs, sur ce rocher, une petite construction extraordinaire dont la date est inconnue et qui contient la statue du patron de la région.

— Ce Guirec est-il un saint authentique? demanda l'abbé; je ne me souviens pas d'avoir jamais entendu prononcer son nom.

— Guirec est un saint local, répondit M. Tacaud, et les gens du pays ont pour lui une vénération d'autant plus grande; ils ne pourraient pas avoir

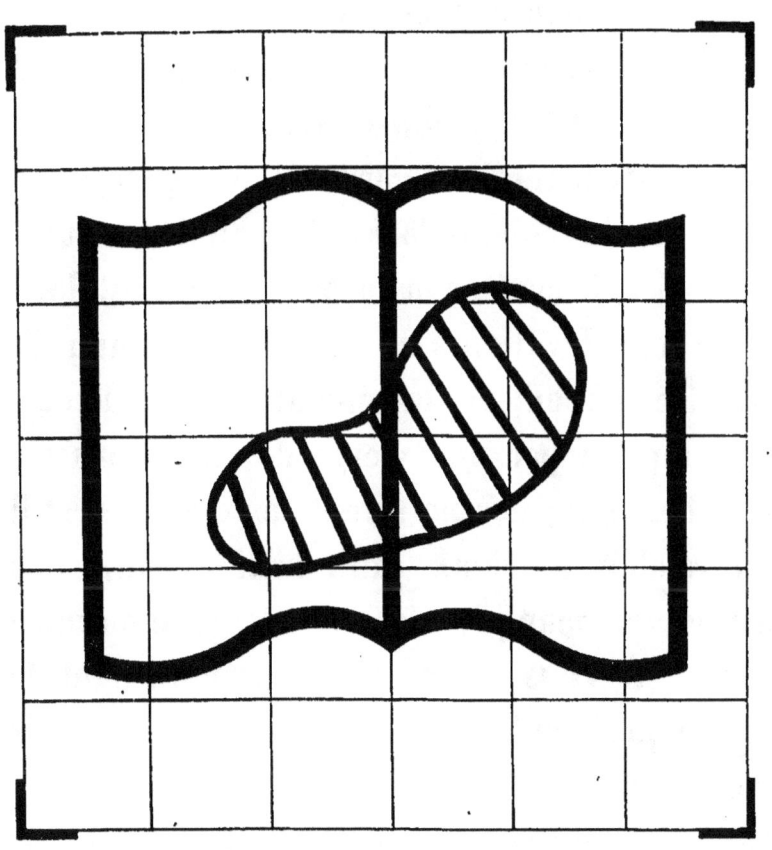

autant de confiance dans un saint plus répandu qui aurait à écouter les vœux d'un trop grand nombre de fidèles. Celui-ci leur appartient en propre et ils n'auraient garde de manquer à lui être dévots. Je me suis laissé dire qu'il y a quelques années, le curé de la paroisse, trouvant dangereuse cette dévotion à un saint non reconnu, fit subrepticement enlever la vénérable statue de bois et la remplaça par une vierge de chez Bouasse-Lebel. Les indigènes ne furent pas contents, et il fallut rétablir le vieux saint bien connu, sous peine de voir manquer de respect à l'Immaculée Conception. Vous verrez en vous approchant de la statue que le culte de ce bon Guirec ne s'est pas refroidi.

Les deux amis se levèrent et firent quelques pas dans le sable de la grève.

— Voyez, mon cher abbé, dit Fabrice, l'état pitoyable de ce pauvre saint; l'ensemble de la statue est parfaitement conservé et proprement tenu, mais à la place du nez, il n'y a plus qu'un trou noir dans lequel vous remarquez plusieurs épingles.

— En effet, dit l'abbé surpris.

— Ne croyez pas, je vous prie, reprit M. Tacaud, qu'il y ait dans cette mutilation de la statue la moindre marque d'irréligion; c'est précisément là le culte bizarre que notre population ignorante rend à l'excellent Guirec. Les jeunes filles qui veulent se marier viennent faire une petite prière au saint et, quand leur prière est finie, elles tirent une épingle de leur corsage et la lui enfoncent dans le nez pour qu'il n'oublie pas la commission, le tout avec le plus grand respect.

L'abbé Jozon se mit à rire de bon cœur.

— Voilà, en effet, dit-il, une singulière façon d'honorer les saints.

— La plupart de nos villages maritimes, reprit M. Tacaud, ont leur saint local; ce saint est généralement venu d'Irlande, dans une auge de pierre qui lui a servi de bateau pour traverser la Manche, car il n'y a pas de miracle plus grand, pour une population de pêcheurs, que de voir flotter un morceau de granit. Quant à l'origine irlandaise des premiers apôtres qui ont évangélisé l'Armorique, elle est assez vraisemblable.

— L'Irlande a été, dit l'abbé, un pays privilégié malgré sa situation lointaine et isolée; non seulement elle fut instruite de bonne heure, mais elle fournit d'ardents apôtres qui fondèrent de nombreux monastères dans l'Europe continentale. Je ne m'attendais pas, ajouta-t-il en soupirant, à trouver dans la catholique Bretagne des superstitions aussi grossières et des rites qui rappellent de si près le fétichisme païen.

— Je crains bien, mon cher ami, répondit Fabrice, que vous ne perdiez à ce sujet beaucoup d'illusions. Si vous enleviez à la croyance bretonne ce qu'elle contient de superstitions non orthodoxes, il n'en resterait pas grand'chose. Et, pour ma part, je ne trouve pas tant de différence entre la pratique de l'épingle fichée dans le nez du bon Guirec et celle des lettres chargées à l'adresse de saint Antoine de Padoue.

— Antoine de Padoue, répliqua assez sèchement l'abbé, est un saint reconnu par l'Église; il a fait de nombreux miracles authentiques et son culte n'a rien que de très légitime.

— Il est probable que les habitants de Ploumanac'h ne seraient pas en peine pour vous citer également nombre de miracles dus à l'intercession de saint Guirec. Nous ne manquons pas non plus, dans ce pays, de pierres et de fontaines miraculeuses dont la réputation est certainement très ancienne, et dont les vertus curatives sont bien plus connues des indigènes que la multiplication des pains ou la résurrection de Lazare. Quand le christianisme a été apporté en Armorique, il a dû s'y heurter à des peuples très ignorants et fortement attachés à leurs cultes locaux; il aurait peut-être échoué en essayant de détruire ces croyances traditionnelles; il a préféré s'y substituer insensiblement : on a placé les fontaines miraculeuses sous l'invocation des saints les plus notoires, et, peu à peu, sans que les habitants eussent rien changé à leurs rites superstitieux, le nom du saint a fait oublier celui de la fontaine; les miracles ont continué comme par le passé, mais légitimés par la présence d'une statue de Pierre, de Paul ou de Nicodème. Et voilà comment la Bretagne est catholique.

— Votre athéisme malicieux, dit l'abbé, se plait à présenter sous un aspect ridicule la conquête de ce pays barbare par les apôtres de la foi; l'Église a enregistré des miracles authentiques qui n'ont rien de commun avec les vertus superstitieuses attribuées aux fontaines par les anciens.

— En quittant Ploumanac'h à la fin de la journée, répondit M. Tacaud, nous ferons faire un crochet à la voiture et je vous montrerai une chapelle bien intéressante à ce point de vue de la transformation des cultes païens. Il y a, dans un champ, une pierre levée, un *menhir*, comme disent ceux qui croient que les constructeurs de monuments mégalithiques parlaient breton. Nous ignorons la date de ces monuments, dits druidiques, mais il est probable qu'ils sont extrêmement vieux. Le menhir en question a la réputation de donner la force à ceux qui s'y frottent le dos et qui vont ensuite faire leurs ablutions à la fontaine voisine.

» De quand date cette superstition? A quelle époque le nom du célèbre juif Samson s'est-il accolé à une pierre donnant la force? Je l'ignore. Toujours est-il que le menhir s'appelle la pierre de Samson. Et à quelques mètres de la pierre s'élève aujourd'hui une chapelle, construite à la fin du xvie siècle. Cette chapelle contient une statue de bois qui représente, plus ou moins, un évêque et qui porte l'inscription *Saint Samson*. De sorte que la pierre levée, patronnée par un saint, a continué à donner la force à ceux qui viennent s'y frotter.

— Il est regrettable, dit l'abbé, que l'attachement des Bretons aux légendes locales ait forcé le clergé d'employer de tels subterfuges ; mais si cela est gênant pour un érudit comme vous, cela n'a pas d'importance pour ces pauvres paysans ; on adore Dieu avec autant de ferveur dans une chapelle qui porte un nom de saint apocryphe ; l'essentiel est que toute possibilité d'intervention miraculeuse soit rapportée, directement ou indirectement, à celui qui seul peut faire des miracles.

— Je n'oserais pas affirmer, reprit Fabrice, que, dans l'idée des paysans du cru, saint Samson ou saint Guirec tirent leur puissance de Dieu le Père ; ils considèrent probablement ces vénérables saints comme ayant, par eux-mêmes, la vertu de donner la force et de hâter les mariages. Mais la forme est respectée et tout cela a l'air très catholique. Si vous saviez le breton, mon pauvre ami, et si vous pouviez interroger, sur la foi, les excellents chrétiens de notre pays sauvage, vous trouveriez la superstition largement mêlée au dogme. On croit de moins en moins aux korrigans et aux lavandières de nuit, à la brouette de la mort et au présage sinistre du coq chantant à la lune, mais les esprits forts qui nient l'existence de toutes les apparitions terrifiantes sont précisément les mêmes qui ne vont pas à la messe et qui *blaguent* les momeries du curé. Prenez une femme dévote du pays, et pour tout l'or du monde vous ne la ferez pas passer le soir auprès du Stank-arc'hlanv où les lavandières mystérieuses font résonner à la brune leurs impalpables battoirs. Je sais bien que dans toutes les superstitions actuelles il existe un vague souvenir des choses de la doctrine chrétienne ; c'est généralement auprès des croix de pierre, dressées au bord du chemin, que s'évanouissent les chiens noirs aux allures louches ; les korrigans et les feux follets ne sont plus des esprits élémentaires de la terre, mais des âmes du purgatoire qui viennent réclamer des prières ; l'eau de la fontaine de Saint-Dévy guérit toujours de la colique, mais c'est par la vertu du vénérable fils de sainte Nonne. Nous sommes en plein paganisme, mon cher abbé, malgré les signes de croix et les patenôtres. Et si vous vous avisiez de vouloir détruire toutes les légendes respectées dans nos campagnes, vous détruiriez, du même coup, la foi chrétienne qui y est intimement unie et qui, au fond, est du même ordre.

— Je n'attendais pas moins de votre scepticisme, dit l'abbé Jozon avec humeur; j'admets, puisque vous me les racontez et que vous connaissez bien le pays, toutes ces malheureuses tolérances qui enlèvent à la foi catholique sa pureté primitive et l'associent à un fétichisme grossier, mais je vous trouve bien osé de comparer à ces tristes superstitions la religion de lumière et de vérité.

— Fétichisme quand il s'agit de la pierre de Samson ou de la fontaine qui guérit la colique, religion de lumière et de vérité quand il s'agit du tibia de saint Victor ou de la grotte de Lourdes, murmura M. Tacaud; je ne vois pas bien la différence. Je voulais seulement vous dire, continua-t-il sur un ton plus élevé, que la croyance au surnaturel, aux miracles et autres choses analogues existait chez les païens et probablement surtout chez les anciens Bretons, et que c'est par ce côté que la religion chrétienne a dû leur plaire ; on a changé les noms des influences qui produisent les merveilles, mais, au fond, on n'a changé que les noms, et l'état d'âme d'un paysan d'aujourd'hui ne me paraît pas devoir différer bien fort de celui de ses ancêtres d'il y a vingt siècles.

— De sorte que, dit l'abbé ironiquement, le Dieu des chrétiens n'est pour vous qu'un faiseur de miracles !

— C'est, répondit tranquillement M. Tacaud, le seul moyen que vous lui ayez laissé de manifester son existence, et j'espère que vous en conviendrez vous-même à la réflexion ; c'est, dans tous les cas, le seul côté par lequel il ait pu être accessible aux paysans ignorants de ces régions : quand un pêcheur, en danger au milieu d'une tempête, fait un vœu à saint Yves ou à sainte Anne, que lui demande-t-il, sinon un miracle, l'apaisement des flots au mépris des lois naturelles ?

— Le marin qui s'adresse à Dieu dans le péril fait un acte de foi, dit l'abbé, et il y a de nombreux exemples de miracles ayant suivi des actes de foi : « Voyez, votre foi vous a sauvé », a dit

Notre-Seigneur à un aveugle. Mais laissons de côté pour le moment cette question des miracles. Vous comptez donc pour rien l'enseignement de la religion et la solution lumineuse qu'elle donne à tous les problèmes de la nature? Qui, si ce n'est Dieu ou un livre inspiré par sa sagesse, a pu apprendre à l'homme d'où il vient et où il va, quelle est l'origine des mondes et de la lumière et de tout ce qui est beau et grand? Et vous osez comparer un chrétien d'aujourd'hui, instruit, même dans vos campagnes ignorantes, de toutes ces vérités éternelles, à un misérable païen plongé dans l'obscurité et asservi au culte des fontaines ou des pierres levées!

— Vous croyez à l'inspiration de la Bible, répondit M. Tacaud, sur la foi d'un témoignage humain qui ne me paraît pas acceptable, mais vous ne considérez pas comme vrais les miracles accomplis par les Dieux d'Homère, les poétiques métamorphoses des mortels coupables en plantes ou en animaux. Je vous avoue que je n'y crois pas non plus, mais je ne vois aucune différence, au point de vue de l'authenticité, entre l'Iliade et la Bible. Si vous acceptez comme un miracle l'histoire de la source jaillissant du mont Horeb au commandement de Moïse, pourquoi refuseriez-vous la même qualité à tous les prodiges dont le monde grec nous a transmis le récit?

— J'accepte le témoignage humain, dit l'abbé, quand il m'enseigne des choses vraisemblables, des choses qui ne heurtent pas ma raison et ma foi; je crois aux miracles de Dieu, je ne saurais attribuer la moindre importance aux tours de passe-passe qu'accomplissaient avec plus ou moins d'habileté les prêtres d'Apollon ou de Jupiter.

— Ainsi, répliqua en riant M. Tacaud, votre foi résulte d'un témoignage humain choisi entre beaucoup d'autres témoignages humains, et c'est au nom de votre foi que votre raison condamne toutes les légendes autres que celles dont vous avez, à priori, accepté l'authenticité?

— Il n'est pas besoin d'ajouter foi au témoignage humain, dit avec emphase l'abbé Jozon, pour trouver dans la Bible les marques indéniables de l'inspiration. Tout esprit non prévenu reconnaîtra sans peine dans ce vénérable document les caractères de l'inspiration divine.

A ce moment, les deux amis longeaient la

côte, au bord de la mer calme, devant une île granitique d'une trentaine de mètres d'altitude; au sommet de cette île, sur une plate-forme de rochers, repose une pierre de forme arrondie, un bloc de plus de mille mètres cubes placé là comme une bille gigantesque, venue on ne sait d'où et tenant en équilibre, on ne sait comment.

— Voici peut-être, dit M. Tacaud, le plus curieux de tous les cailloux de la région; on l'appelle *min-crouget* ou la pierre pendue; il est certain que les gens du pays ne se sont jamais rendu compte de la manière dont ce gigantesque morceau de granit a pu être placé si haut, au sommet de cette agglomération de rochers.

» Dans mon enfance, je m'imaginais volontiers que la mer, dont la puissance me paraissait infinie, avait, un jour de fureur, lancé là ce colosse de pierre, et qu'elle pourrait, un jour aussi, le faire redescendre à son niveau primitif.

— Cette pierre pendue, dit malicieusement l'abbé, est venue fort à propos vous tirer d'embarras au sujet de l'inspiration indéniable de la sainte Bible, mais comme toute cette formation de rochers ronds superposés me paraît en effet très curieuse, je vous fais grâce pour le moment et vous prie de m'apprendre la manière dont les géologues expliquent ces accumulations pittoresques. Je pense d'ailleurs que l'explication doit être la même pour tous ces amas de cailloux, et que la pierre pendue a surtout comme caractère particulier de s'être offerte à nos yeux à un moment où la conversation devenait difficile.

M. Tacaud sourit dans sa barbe.

— Dieu, dans sa bonté infinie, dit-il sur un ton enjoué, a eu pitié du désir de comprendre que l'homme éprouve naturellement, et il a laissé à sa portée, dans beaucoup de pays, des documents qui lui permettent de se rendre compte des transformations du sol. Fouillez consciencieusement la terre et vous y lirez l'histoire du monde aussi nettement au moins que dans la sainte Bible. Approchons-nous de cette falaise peu élevée où vient battre la mer haute aux jours de pleine lune, et nous allons y trouver ce qu'il nous faut.

Ils descendirent sur la grève. Ce que Fabrice avait appelé falaise ne méritait guère ce nom : c'était seulement une dénivellation brusque de quelques mètres, plongeant au bas dans le sable de la grève et couronnée au sommet par les plantes rabougries de la lande.

Cette falaise minuscule semblait formée de granit à gros grains comme les rochers ronds du voisinage, mais il suffisait de la frotter légèrement du bout de la canne pour la voir s'effriter et se transformer en sable.

— Voici du granit qui ne fournirait pas de bien belles pierres de taille, dit M. Tacaud, et cependant il a toutes les apparences du granit; vous y voyez, à leur place naturelle, les cristaux de quartz et de feldspath; mais ce feldspath n'est plus que de l'argile, malgré sa forme cristalline, et le moindre effort le réduit en poussière.

— Et d'où vient, dit l'abbé, cette transformation, cette putréfaction du granit?

— Voici les coupables, dit Fabrice en désignant du bout de sa canne les ajoncs et les bruyères maigres qui végétaient péniblement au sommet de la falaise. Ces plantes rustiques n'ont pas besoin d'un sol bien riche et poussent volontiers sur une maigre couche de terre végétale résultant de la décomposition des mousses et des lichens;

elles meurent où elles sont nées et pourrissent à leur tour, augmentant de leurs débris l'humus qui servira de nourriture à leurs enfants. Toute cette putréfaction végétale engendre des acides capables d'attaquer le granit; l'eau de pluie se charge de ces principes corrosifs et pénètre lentement dans la pierre sous-jacente qu'elle réduit au piteux état où vous la voyez ici.

— Cela doit se produire bien lentement, dit l'abbé.

— Très lentement en effet, répondit M. Tacaud, mais d'une manière continue, et les résultats de ces actions lentes peuvent devenir formidables à la longue. Voyez maintenant, encastrée dans la falaise, cette lentille saillante de granit dur. C'est un bloc qui, par suite de conditions spéciales, s'est trouvé à l'abri de la pénétration par les acides humiques, de même que, dans la pelote de sucre dont vous sucrez votre café, il se forme quelquefois de petits îlots protégés contre le liquide ambiant et qui ne se dissolvent que plus tard. En grattant assez longtemps autour de cette grosse lentille, vous la détacheriez complètement de sa gangue de granit délité et vous feriez un rocher analogue à ceux dont vous voyez autour de vous les accumulations colossales. Le ruissellement se chargera d'ailleurs de l'opération et emportera toute la partie friable de la falaise pour la déposer ailleurs sous forme d'argile et de sable; le sable que nous foulons n'a pas d'autre origine. Quant à la lentille privilégiée, quel est le sort qui l'attend? Voici sa camarade, à quelques mètres de nous, dans le sable de la grève; le sommet de ce bloc isolé est à l'abri des plus hautes marées, aussi est-il envahi par la végétation; les lichens d'abord, puis les mousses et enfin les bruyères s'y sont implantés et, dans quelques siècles, il sera à son tour emporté par la destruction à laquelle il avait provisoirement échappé.

— Tout cela est fort net, dit l'abbé Jozon, et je commence à entrevoir la formation de ces accumulations de rochers arrondis.

— Ce procédé de *décomposition en boules*, ainsi que l'appellent les géologues, s'est appliqué au début à un immense plateau de granit, dont nous ignorons la hauteur, mais qui était certainement plus haut que les plus élevés des rochers suspendus autour de nous. A mesure que les acides végétaux décomposaient la pierre et que le ruissellement entraînait les produits de la décomposition, les blocs restés solides descendaient sous l'influence des forces naturelles, et chacun d'eux s'est arrêté où il a pu, en équilibre, là où nous le voyons aujourd'hui.

— Je suis bien heureux d'avoir vu de près cette formation si curieuse et si différente de celles des pays calcaires où j'habite, dit l'abbé.

— La Bretagne est un très vieux pays, reprit M. Tacaud. Il est à peu près certain que ce point où nous sommes n'a pas bougé depuis l'époque primaire, et a subi seulement les phénomènes de destruction lente dont je viens de vous montrer un exemple; nous n'avons aucune raison de croire que cette destruction ait été autrefois plus rapide qu'elle ne l'est aujourd'hui, et vous voyez combien de milliers de siècles il a fallu pour mettre à nu les rochers accumulés à Ploumana'ch!

» Nous voilà bien loin, ajouta M. Tacaud, avec une satisfaction visible, des six mille ans de la cosmogonie hébraïque; vous voyez que la pierre pendue ne nous a pas éloignés autant qu'elle le paraissait de la question de l'inspiration de l'Ancien Testament, et je ne suis pas fâché de vous avoir fait lire, dans le livre de la Nature, un passage qui contredit formellement ce document infaillible.

— Point n'était besoin, mon cher monsieur Tacaud, dit l'abbé, de faire un si long détour pour arriver à cette conclusion. La prétendue contradiction dont vous vous servez contre l'Écriture a été depuis longtemps réduite à néant; la preuve en est que le professeur de géologie de l'Institut catholique enseigne couramment la théorie de Laplace et l'origine ignée de la terre; il apprend aussi à ses élèves les durées probables des périodes géologiques, et l'Église trouve cela parfaitement correct.

— L'Église est certainement très habile en se refusant à nier l'évidence, répondit M. Tacaud; elle a nié tant qu'elle a pu les conquêtes de la géologie, ainsi que vous le verrez dans des ouvrages agréés par elle et qui ne sont pas tellement anciens, mais, quand il est devenu impossible de ne pas admettre les données de la science, on a imaginé je ne sais quelle interprétation, — que les six jours de la Genèse représentent non pas des jours, mais des périodes géologiques! Encore s'est-il trouvé malheureusement que l'ordre des six jours ne cadrait aucunement avec ce que la science nous apprend catégoriquement!

— Cette explication provisoire a pu être donnée en effet, répondit l'abbé. Pour nous qui avons la certitude de l'inspiration divine de la Bible, une apparente contradiction entre la science et l'Écriture nous fait immédiatement conclure à une erreur d'interprétation; nous pensons d'abord, et cela est naturel, que les savants, livrés à leurs seules lumières, se sont trompés, comme cela leur arrive souvent; puis, si leurs assertions se vérifient, nous nous disons que nous avons mal compris les textes saints : ce n'est pas la Bible qui est en faute, mais seulement un de ses maladroits commentateurs. C'est ce qui est arrivé pour le passage de la Genèse; il faut y voir une sublime allégorie et non l'expression terre à terre de la vérité. Les premiers mots renferment la lumière des lumières : Dieu créa le ciel et la terre! Le reste n'est qu'un cadre dans lequel a été placée cette vérité éclatante pour qu'elle devînt plus accessible aux hommes. Pour apprendre l'origine du monde à son peuple, Dieu a inspiré un prophète, mais ce prophète a naturellement raconté les choses de manière à être compris de ceux qui l'entouraient; il s'est mis au niveau de l'âge grossier où il écrivait, et vous en voyez la preuve dans cette touchante naïveté que Dieu se reposa le septième jour, comme si Dieu, la toute-puissance éternelle, pouvait être fatigué et avoir besoin de repos!

— Et cependant, répondit M. Tacaud, vous continuez à enseigner aux enfants des écoles cette histoire dont vous avez reconnu l'erreur; je crains bien qu'il ne faille appliquer à la Bible la théorie du bloc : le jour où l'on verra qu'elle contient des mensonges, on n'y croira plus du tout; donc il faut continuer à enseigner les mensonges, pêle-mêle avec les vérités, s'il y en a. Vous avez forcé Galilée à déclarer que le soleil tourne autour de la terre...

— Ce n'est pas l'Église qui a condamné Galilée à se rétracter, dit vivement l'abbé; l'Église n'est infaillible que dans ses conciles et dans son Souverain Pontife; on ne peut attribuer à l'Église une erreur de quelques-uns de ses membres.

— Ainsi vous reniez aujourd'hui ceux qui ont autrefois voulu rendre la terre fixe malgré les astronomes! C'est qu'aujourd'hui vous ne pouvez plus lutter contre l'évidence, vous n'êtes plus assez forts! Pour un peu vous démontreriez qu'en interprétant convenablement la Bible on y trouve la rotation de la terre autour du soleil! Vous avez accepté péniblement les conquêtes de l'astronomie; puis il a fallu vous résigner à accepter celles de la géologie; je ne désespère pas de vous voir accepter un jour celles de la biologie et déclarer que Moïse a été un précurseur de Darwin!

— Mon cher monsieur Tacaud, dit l'abbé avec sérénité, la science ne saurait atteindre la foi; il y a peut-être, dans la Bible, des assertions qui paraissent contraires aux conquêtes de la science, mais elles se trouvent seulement dans les passages qui ont été écrits à dessein de manière à être en rapport avec les connaissances du peuple auquel ils s'adressaient...

— Voilà, ma foi, dit M. Tacaud, une admirable défaite : l'Église aurait bien voulu trouver dans la science une preuve de l'inspiration des saintes Écritures, mais cette science scélérate ne s'est-elle pas avisée de découvrir tout le contraire de ce qu'on attendait d'elle! Et vous lui avez dit : Qu'avons-nous à faire ensemble?

— Il eût été préférable, dit l'abbé, eu égard aux masses peu clairvoyantes, que ces quelques contradictions apparentes n'eussent pas été divulguées, mais n'allez pas croire, mon cher ami, qu'un croyant éclairé ait jamais attendu de la science une découverte qui le raffermît dans sa foi.

— Pascal était, je pense, dit M. Tacaud, un croyant éclairé s'il en fut. Cet homme de génie a même été atteint d'une sorte de folie religieuse à force de croire. Et cependant, il voulait trouver dans la science des preuves pour la foi : « Combien les lunettes, dit-il, nous ont-elles découvert d'êtres qui n'étaient point pour nos philosophes d'auparavant! On entreprenait franchement l'Écriture sainte sur le grand nombre des étoiles en disant : Il n'y en a que mille vingt-deux, nous le savons [1]. » Si l'astronomie était capable de

[1]. Pascal, *Pensées*, art. XXIV, § 36.

fournir des vérifications à la Bible, je ne vois pas comment les découvertes qu'elle fait contre l'Écriture sont sans importance. Et si Dieu faisait instruire incomplètement les Hébreux, en leur apprenant, avec quelques grandes vérités, des erreurs volontaires qu'ils comprenaient plus aisément, pourquoi leur aurait-il enseigné qu'il y a tant d'étoiles au ciel, alors qu'ils n'avaient pas de télescopes pour le vérifier ! Mon idée, voyez-vous, mon cher abbé, est que la Bible a été écrite par un homme, supérieur peut-être à ses contemporains ; cet homme leur a enseigné tout simplement sa propre théorie du monde qui, nous le voyons aujourd'hui, était celle d'un parfait ignorant, comme il sied à cette époque reculée.

— L'inspiration divine est manifeste dans la Bible, répondit l'abbé ; quand bien même il y aurait, à côté des éternelles vérités qu'elle contient, des erreurs grossières, comme vous vous plaisez à le dire, nul homme de bonne foi ne peut se refuser à accorder à son admirable doctrine une origine surhumaine.

— Grand merci, monsieur l'abbé, dit Fabrice ; j'ai lu la Bible avec beaucoup de soin, et je n'y ai jamais trouvé cette évidence dont vous parlez; j'admettrai, si vous voulez, que l'on trouve dans plusieurs endroits du livre la trace du génie de son auteur; un homme peut avoir du génie et être ignorant, mais l'Iliade aussi porte l'empreinte du génie.

— Alors, réellement, vous croyez, dit le prêtre, qu'un homme a pu, par ses propres lumières, arriver à cette sublime vérité que « Dieu créa le ciel et la terre »?

— Les croyants, répondit M. Tacaud, donnent eux-mêmes la réponse à votre question quand ils nous démontrent l'existence de Dieu par ce raisonnement enfantin que l'horloge suppose un horloger. Je ne crois pas que Moïse ait connu les horloges, mais il connaissait les œuvres des hommes et il savait qu'elles ne s'accomplissent que par l'intervention des hommes. Il a tout naïvement attribué une œuvre plus grande à un homme plus grand et, comme il ne voyait pas cet homme, il l'a supposé invisible, et voilà tout. Je ne vois pas en quoi cela est extraordinaire. Mais une fois qu'il eut imaginé cet homme très grand et invisible, il n'y eut plus pour lui de problèmes dans la nature. C'était si commode, ce bon géant! Tout ce qu'on ne comprenait pas, c'était lui qui le faisait; l'homme en particulier était son œuvre. Et c'est ici que la cosmogonie de la Bible va de nouveau être atteinte par la science.

— La science démontre-t-elle que Dieu n'a pas créé le monde? dit l'abbé.

— Elle n'aurait garde d'avancer une chose qu'elle ne saurait démontrer, répondit Fabrice. Dieu étant aussi incompréhensible que le monde, expliquer l'un par l'autre n'est pas donner une explication. La science n'a donc pas à tenir compte d'une phrase qui n'avance en rien la question à étudier. Peut-être vous expliquerai-je un jour la manière dont on peut poser scientifiquement le problème des origines et de l'infini. Je vous dirai seulement que la science ne croit pas admissible la création de l'homme ou du moins la création *immédiate* de l'homme telle qu'elle est racontée par la Bible.

— Vous allez me parler de la théorie transformiste, interrompit l'abbé; mais vous n'ignorez pas, mon cher monsieur Tacaud, que les meilleurs esprits de notre époque ont fait justice de cette doctrine, qui ne s'appuie sur aucun fait positif et qui heurte le bon sens et la légitime fierté de l'homme.

— Je ne suis pas tout à fait de votre avis, répondit Fabrice ; je crois au contraire que, parmi les savants dignes de ce nom, il n'y en a plus aucun qui, en connaissance de cause, refuse d'admettre la transformation des espèces. Je pense que vous avez lu plutôt les livres qui combattaient la doctrine que ceux qui l'exposaient purement et simplement, et que vous vous êtes laissé convaincre aisément de la fausseté d'une théorie déplaisante.

— J'avoue, dit le prêtre, que je n'ai lu ni Darwin ni Hæckel, mais...

— Puisque vous n'avez pas lu les livres transformistes, dit brusquement M. Tacaud, je vais vous en faire lire un immédiatement, et vous n'en récuserez pas la valeur, j'en suis sûr. Voyez-vous, près de la côte, cet amas blanchâtre sur le sable ? C'est le lest abandonné par un bateau qui est venu charger ici des bordures de trottoir. Car aucune beauté naturelle n'est capable d'arrêter l'avidité des hommes. Le granit de nos admirables rochers est une pierre dure excellente pour la construction des escaliers et pour les pierres d'encoignure. Les trottoirs de Paris, de Bordeaux, du Havre et de plusieurs autres villes importantes sont bordés de granit de Bretagne; si personne n'y met ordre, tous les détails pittoresques de notre côte seront bientôt débités en parallélépi- pèdes et orneront les grandes villes. La plupart des habitants de la côte, surtout du côté de l'Ile-Grande, comme vous le verrez en rentrant, sont devenus tailleurs de pierre, et tous les caboteurs de la région sont occupés au transport par eau des dépouilles de notre sol. C'est un de ces caboteurs qui, venu d'un pays calcaire, a déposé ici ce lest blanchâtre dans lequel nous allons peut-être trouver des fossiles, chose inconnue naturellement dans notre pays de granit.

Ils s'approchèrent du tas de cailloux et se mirent en devoir de casser quelques-uns des blocs en les heurtant les uns contre les autres.

— J'ai bien souvent vu des fossiles, dit l'abbé pendant qu'ils se livraient à cette opération, et cela n'a pas suffi à me rendre transformiste.

— C'est que vous n'avez pas su lire, répondit M. Tacaud. Tenez, voici justement un beau fragment d'ammonite ; c'est le moulage naturel d'un céphalopode dont la coquille ressemblait, comme vous le voyez, à une corne d'Ammon. Ne vous sentez-vous pas pris de respect pour cette relique, si bien conservée, d'un animal qui a vécu il y a des milliers de siècles?

— Je vous avoue, répondit l'abbé, que je touche sans trop d'émotion ce vénérable morceau de pierre.

— Mais vous ne doutez pas un instant, je l'espère, fit Fabrice, que ce morceau de pierre soit le moulage d'un animal qui a vécu autrefois. Je n'ai pas l'intention de vous ennuyer en vous racontant comment ces moulages se sont produits naturellement dans certains terrains calcaires en particulier, tandis que, dans les terrains sableux ou gréseux, ils se sont très rarement conservés. Vous n'ignorez pas, j'en suis sûr, que l'on connaît, par leur moulage total ou partiel, un très grand nombre d'espèces animales ou végétales et que, de toutes les nombreuses espèces appartenant aux terrains primaires et secondaires, *aucune* n'existe aujourd'hui. Vous n'ignorez pas non plus que les géologues savent reconnaître le synchronisme des dépôts sédimentaires par la nature des fossiles qu'ils contiennent, autrement dit, qu'une forme animale ou végétale donnée est caractéristique d'une époque donnée de l'histoire du monde. Ne voyez-vous pas que cet ensemble de constatations, admises aujourd'hui par tout le monde, est une preuve absolue de la tranformation des espèces?

— Cela ne me paraît pas évident du tout, dit l'abbé.

— Comment? dit M. Tacaud en s'animant : vous n'êtes pas convaincu de la transformation des espèces en constatant, d'une part, que tous les êtres qui ont vécu à l'époque primaire ou secondaire ont absolument disparu aujourd'hui; d'autre part qu'on ne trouve *jamais* à l'état fossile, dans les couches anciennes du sol, une seule des formes qui vivent actuellement? Vous devez donc supposer que, par un hasard inconcevable, ont été seules conservées à l'état fossile les espèces qui étaient destinées à disparaître avant notre temps! Et pourquoi, et comment auraient disparu toutes celles qui ont laissé des moulages?

— Dieu a pu faire des créations successives, répondit l'abbé.

— Elles ne sont pas mentionnées dans la Bible, dit Fabrice, et d'ailleurs ces créations successives auraient dû être accompagnées de destructions totales des êtres préexistants. L'Écriture constate au contraire la satisfaction de Dieu après chacune de ses créations : « Et Dieu vit que cela était bon. » Pourquoi voulez-vous que le créateur, par un caprice d'enfant gâté, se soit amusé à détruire de temps en temps tous les êtres vivants pour en créer ensuite d'autres un peu différents des premiers? Ne voyez-vous pas qu'il serait infiniment plus logique d'admettre qu'il a créé les animaux *variables* et qu'ainsi, par sa volonté même, les êtres que nous connaissons aujourd'hui sont différents de ceux qu'il a fait naître autrefois à la surface de la terre. L'évolution serait une des lois imposées par Dieu à la nature, comme le sont, pour vous, celles de la physique et de la chimie.

— Cette conception ne manque pas en effet d'une certaine grandeur, dit l'abbé; mais il n'appartient pas à l'homme d'apprécier les œuvres du créateur; les voies de Dieu sont mystérieuses. Je vous dirai d'ailleurs, mon cher ami, que le transformisme n'est pas contraire au dogme; seulement, il ne lui est pas sympathique.

— Admirable! s'écria Fabrice. Voilà un mot que je retiens et qui vaut son prix! Le transformisme n'est pas sympathique au dogme, c'est-à-dire, si je comprends bien, qu'il en est de cette vérité comme de la découverte de Galilée et des conquêtes plus récentes de la géologie; on les niera tant qu'on pourra, mais, quand l'évidence sera acquise, on aura eu le temps de préparer une honorable défaite, et l'on dira aux savants : L'Église n'a jamais nié le transformisme; qu'a donc à faire cette théorie, fort vraisemblable d'ailleurs, avec les vérités éternelles de la foi? Et le dogme reculera toujours, toujours, devant les conquêtes progressives de la science, mais en conservant toujours son autorité et son intangibilité primitives; à chaque époque de l'histoire du monde on déclarera que le dogme se compose uniquement de vérités considérées comme inaccessibles aux perquisitions des chercheurs. Et si la science, dans ses progrès quotidiens, découvre une nouvelle méthode qui menace une partie de ce dogme déjà tronqué, on élaguera, on purifiera le dogme, pour que, de nouveau, il devienne inaccessible aux savants !

» Matérialistes, mes frères, continua M. Tacaud avec enthousiasme, que ne sommes-nous nés quelques siècles plus tard ! Nous aurions pu croire, sans cesser d'être matérialistes, et nous aurions été sauvés. Dans combien d'années verra-t-on le dogme réduit à ses proportions définitives ? « *Tout se passe* comme si Dieu n'existait pas, et la science, ne pouvant étudier que ce qui *se passe*, ne saurait atteindre Dieu. Croyez donc en Dieu, c'est tout ce que nous vous demandons, et cela n'a rien de contradictoire avec les conquêtes de la physique et de la biologie. »

L'abbé regardait Fabrice en riant :

— Parbleu, mon cher ami, dit-il, voilà un beau discours et je regrette d'avoir été seul à l'entendre. Vous vous excitez vous-même admirablement, et vous avez une telle confiance dans vos arguments que vous ne vous apercevez pas du vide qui vous reste si vous supprimez Dieu de la nature. Et que fait au dogme, continua-t-il en s'animant à son tour, la transformation d'une misérable pieuvre ou d'un ver rampant dans la vase? Ces transformations vous expliqueront-elles la raison de l'homme et son âme immortelle?

— L'homme, reprit M. Tacaud, ressemble beaucoup à un singe; vous ne le nierez certainement pas, et, de même que les paléontologistes considèrent le cheval et l'âne comme descendant d'un ancêtre commun, à cause de leurs ressemblances frappantes, de même il est naturel de penser que l'homme et le singe remontent également à la même origine.

— La chose est loin d'être prouvée, dit l'abbé Jozon, et je trouve que l'on a mené beaucoup trop grand bruit autour de la prétendue découverte à Java d'un Pithecanthropus fossile. Mais quand elle serait prouvée, où serait le mal? L'Écriture nous dit que Dieu a créé l'homme à son image; êtes-vous assez naïf pour penser que cela signifie que Dieu a un nez, une bouche, deux bras et deux jambes, comme vous et moi? Évidemment non, n'est-ce pas? Dieu a donné à l'homme une âme immortelle qui participe de l'essence divine, et qui est, en quelque sorte, l'image de l'être infini. Quant à la forme du corps, il suffit qu'elle soit adéquate aux besoins d'action de l'âme; le corps n'est qu'un mécanisme grossier et l'âme seule est divine. Si vous tenez absolument à ce que l'homme descende du singe, je ne m'en formaliserai pas, quoique, je vous le répète, le dogme ait peu de sympathie pour cette hypothèse. Et je vous dirai seulement : Dieu, ayant créé les animaux en leur donnant la faculté de varier, a attendu que l'évolution naturelle des espèces ait produit un mécanisme assez perfectionné; quand un tel mécanisme s'est trouvé réalisé (et, pour vous faire plaisir, je vous concéderai que ce mécanisme appartenait à une espèce de singe), Dieu lui a donné une âme immortelle et en a fait un homme; l'homme doué de l'âme s'est trouvé immédiatement aussi haut au-dessus des singes et des autres animaux privés de raison, que, dans l'interprétation littérale de la Bible, il se serait trouvé au-dessus du limon et de la poussière dont son corps fut constitué à l'origine. L'âme de l'homme est d'essence divine, et il n'y a rien de semblable chez les singes ou les chevaux. J'admettrai, si vous le voulez absolument, que le corps de l'homme est parent du gorille et du chimpanzé, mais son âme est parente de Dieu, et je suis si fier de cette parenté divine qu'elle m'empêcherait d'être honteux si l'on me démontrait que je suis réellement le cousin des orangs-outangs.

— Et voilà encore les savants bien attrapés, conclut M. Tacaud, car ils ne pourront sûrement jamais vous démontrer que vous n'avez pas d'âme. Tout ce qu'ils pourront arriver à faire, sera de montrer un jour que tout se passe dans l'homme comme si l'âme n'existait pas; à cela la physiologie arrivera bientôt d'une manière irréfutable; j'oserais même dire qu'elle y est déjà arrivée. Mais cela vous est bien égal, messieurs les dogmatistes; cela ne vous inquiétera pas plus que les découvertes de l'astronomie et de la géologie. Quand vous dites que Dieu a créé l'homme à son image, cela ne veut pas dire qu'il a créé son corps; le corps existait déjà auparavant : fort bien ; et quand on dit qu'il a créé le monde, c'est peut-être encore aussi une image : il n'a pas créé la matière du monde, laquelle existait déjà, mais l'âme du monde qui participe de sa divinité et de son éternité, et qui a surtout pour qualité précieuse de ne se manifester en aucune manière, et par conséquent d'être à l'abri des perquisitions des savants !

— Vous avez toujours l'esprit vif et railleur qui faisait ma joie dans nos promenades d'il y a vingt ans, dit en riant l'abbé Jozon ; je n'aurais jamais cru que l'étude des sciences conservât aussi fidèlement à l'âge mûr les qualités de la jeunesse.

— La santé du corps fait l'âme joyeuse, répondit gaiement M. Tacaud ; pour que nos âmes restent joyeuses, entrons dans l'auberge où nous voici arrivés, et restaurons nos corps par une solide collation pendant qu'on va faire atteler le char à bancs ; cette promenade au bord de la mer a donné à ma guenille matérielle un vigoureux appétit.

III

L'INTELLIGENCE DES ANIMAUX

Le chien de M. Tacaud était moitié caniche, moitié terre-neuve ; il tenait de la première race sa fidélité proverbiale, de la seconde, son goût immodéré pour les bains de mer ; enfin, il semblait avoir pris à l'une et à l'autre tout ce que chacune d'elles pouvait posséder d'intelligence et de finesse. *Mousse* avait pour Fabrice une affection jalouse, le plus profond, sans conteste, de ses sentiments de chien ; la gourmandise même passait chez lui après la fidélité et, quoique très friand de bonnes choses, il avait souvent renoncé à la meilleure pâtée pour accompagner son maître dans ses promenades solitaires. Il était d'ailleurs payé de retour et il le savait; combien de fois M. Tacaud n'avait-il pas modifié un itinéraire combiné d'avance, abandonné une herborisation commencée, pour éviter au fidèle Mousse une marche trop longue à travers une lande d'ajoncs dont les feuilles acérées auraient mis en sang les pieds, détrempés par l'eau de mer, de cet incorrigible amphibie; souvent, il l'avait porté dans ses bras pour franchir un hallier de ronces entrelacées...

Mousse enregistrait dans sa mémoire toutes ces attentions délicates, et une reconnaissance sans bornes s'ajoutait à son affection primitive. Aussi, que de confiance dans les relations quotidiennes entre l'homme et le chien! A force de vivre l'un avec l'autre, ils se comprenaient parfaitement; non seulement le chien connaissait la signification d'un grand nombre de mots habituels au moyen desquels l'homme lui donnait des indications, mais l'homme aussi savait démêler, dans les gestes du chien et dans ses aboiements particuliers, l'expression de ses désirs et de ses besoins. « Il ne lui manque que la parole », disait souvent l'honnête M. Tacaud à ceux qui admiraient son vieil ami, et réellement, on ne pouvait manquer d'être frappé du regard concentré et profond avec lequel le brave chien fixait son maître quand celui-ci lui parlait. Il semblait lui dire dans son langage muet : « Parle hardiment, je te suis et je ne perds pas un mot de ce que tu dis »; et il comprenait, en effet, et il le prouvait.

M. Tacaud avait adopté Mousse tout jeune et s'était réellement occupé de son éducation; il s'était surtout interdit de le tromper jamais, comme font souvent les parents qui s'amusent de leurs enfants et leur racontent des mensonges pour prêter à rire. « Si cela est dangereux avec les enfants, disait-il souvent, cela est encore plus funeste avec les chiens qui sont bien moins intelligents que les enfants. » Et il avait raison : si nous voulons avoir des animaux domestiques réellement agréables pour nous, il faut nous donner la peine d'établir d'eux à nous un système de correspondance capable de remplacer la parole qui leur manque. Et la première condition pour cela est de leur inspirer une confiance absolue; mais combien y songent?

Il ne faut pas d'ailleurs s'exagérer les vertus des animaux et s'en servir, comme certains poètes, pour faire honte aux hommes; ils ont des défauts s'ils ont des qualités.

Mousse était menteur, mais, moins habile en cela que beaucoup d'entre nous, il ne savait pas mentir avec effronterie, probablement parce qu'il reconnaissait la supériorité de son maître et qu'il le croyait capable de découvrir la vérité dans tous les cas : l'effronterie vient ordinairement de l'espoir qu'on ne sera pas convaincu d'imposture.

Malgré tous les soins dont son éducation avait été entourée, Mousse mangeait salement et répandait sa soupe autour de son assiette; mais c'était là, disait M. Tacaud, un défaut dont aucune éducation ne pouvait espérer triompher, puisque cela tenait à la conformation particulière de sa bouche; il est bon de s'occuper d'un chien, mais il ne faut pas espérer le faire sortir de sa nature de chien.

Donc, Mousse, qui ne savait pas manger proprement, dînait à la cuisine; cela l'humiliait beaucoup, car il établissait une différence fort nette entre les maîtres et les domestiques; il savait que les hôtes d'importance dînent dans la salle à manger, et il aurait voulu être traité comme un hôte d'importance. Aussi, dès qu'il avait avalé sa soupe, il quittait la cuisine et venait, autour de la table, quêter des caresses et des friandises. Les jours où il n'avait pas faim, il laissait sa pitance intacte, mais restait à la cuisine un temps moral suffisant pour qu'on pût croire qu'il l'avait mangée. Voilà un premier mensonge; on ne s'arrête pas en si beau chemin!

M. Tacaud, qui aimait beaucoup son chien, tenait à ce qu'il fût bien nourri et, tant que Mousse n'avait pas avalé sa soupe, il ne lui donnait ni gâteaux ni sucre : tels les enfants qu'on prive de dessert quand ils ne veulent pas manger leur viande. Il était donc entendu entre le maître et le chien que le droit aux friandises n'existerait qu'une fois la soupe mangée; mais souvent, profitant de l'inattention de Fabrice, l'habile Mousse obtenait son dessert sans avoir été questionné.

« As-tu mangé ta soupe? » disait ordinairement M. Tacaud quand le chien rentrait de la cuisine. Et si la soupe était réellement avalée, la queue noire et frisée de l'intelligent animal se dressait et s'agitait joyeusement. Si, au contraire, Mousse n'avait pas mangé sa pitance, il retournait, la queue basse, vers la porte de sortie, comme pour aller s'acquitter, à la cuisine, d'un devoir pénible.

Certains jours, cependant, il s'enhardissait à dresser et agiter la queue, même quand il avait laissé son assiette intacte; mais son maître reconnaissait à je ne sais quoi de gêné et de louche que la réponse était mensongère : « Bien sûr? » interrogeait alors la voix grondeuse de M. Tacaud. La queue se redressait de nouveau et s'agitait moins franchement. « Menteur! » ajoutait la voix encore plus forte, en menaçant du doigt. Et Mousse, la queue basse, regagnait la cuisine.

Quand l'abbé Jozon était arrivé en Bretagne, Mousse l'avait accueilli avec sa jalousie ordinaire : « Encore un intrus, semblait penser le pauvre chien, qui détournera l'attention du maître et l'empêchera de s'occuper de moi. » Et cette appréhension s'était vérifiée : dans les promenades quotidiennes au bord de la mer, les conversations philosophiques absorbaient tellement M. Tacaud, que le brave Mousse était réduit à s'amuser tout seul, soit en prenant des bains réitérés, soit en courant follement sur la plage après les mouettes et les courlis. Néanmoins, son affection pour son maître s'étendait bien vite à ceux qui semblaient avoir avec lui des relations de bonne amitié, et, au bout de quelques jours, il avait pris l'habitude de venir saluer l'abbé Jozon en remuant gaiement sa queue empanachée; l'excellent abbé, touché de ces démonstrations désintéressées, le flattait de la main et lui offrait de temps en temps des friandises.

* *

Les deux amis descendaient lentement la route pierreuse de la plage, par une belle et trop chaude journée de soleil; ils allaient chercher la fraîcheur à l'ombre de la petite falaise en face de la mer calme comme un étang.

— Voilà Mousse qui revient en boitant, dit l'abbé Jozon; il a dû se blesser en sautant dans les cailloux.

Le chien arrivait la queue basse, marchant péniblement sur trois pattes; il alla directement vers son maître et lui tendit le pied malade, duquel Fabrice tira facilement une grosse épine d'églantier.

L'opération à peine terminée, l'animal joyeux sauta deux ou trois fois contre son maître, comme pour le remercier, lui passa la langue sur la main et reprit le chemin de la grève.

— Autrefois, dit M. Tacaud, j'étais obligé de l'appeler plusieurs fois pour qu'il me confiât sa patte quand il s'y était enfoncé une épine ; il avait peur que je ne lui fisse mal en m'y prenant maladroitement, mais depuis qu'il s'est senti plusieurs fois soulagé par mon intervention, il vient directement à moi, aussitôt qu'il est blessé ; souvent même, quand il a une simple coupure au pied, coupure à laquelle je ne puis rien, il suffit que je lui aie regardé attentivement la patte pour qu'il se considère comme guéri et se remette à courir gaiement ; il a une grande confiance dans mes connaissances vétérinaires.

Les promeneurs s'assirent à l'ombre de la falaise, sur un rocher couvert de lichens.

— Votre baie sauvage, dit l'abbé, me fait penser à une jolie phrase de Flaubert dans *Salammbô* : « Et deux Celtes regrettaient des pierres grises sous un ciel pluvieux au fond d'un golfe rempli d'îlots. » Le ciel est loin d'être pluvieux aujourd'hui, mais il l'est souvent, je pense, et l'aspect de ce paysage semé de cailloux doit être encore plus grave et plus saisissant quand les nuages cachent le soleil.

— Je me plais, dans mes promenades solitaires, répondit M. Tacaud, à m'imaginer que je vis à l'époque de la conquête des Gaules; il ne me semble pas que l'aspect de la baie se soit notablement modifié depuis deux mille ans; les pierres sont peut-être un peu plus rongées, le sable est peut-être un peu plus abondant, mais le caractère dominant des paysages de ce coin de Bretagne est l'immutabilité.

— Voyez donc, interrompit l'abbé, comme le chien vous regarde; il a l'air de s'intéresser vivement à ce que vous dites.

— C'est que, dit en riant M. Tacaud, nous venons de parler de pierres et de cailloux et que ces mots sont magiques pour lui; son plus grand bonheur est d'aller chercher dans les champs, dans les endroits les moins accessibles, les pierres que je lui lance de temps en temps; il a un odorat excellent et il en est très fier; quand il a trouvé une pierre réellement difficile à découvrir, il me la rapporte avec des mouvements de queue qui indiquent chez lui un vif sentiment d'orgueil. Allons, Mousse, une pierre dans la main! — continua Fabrice en faisant le geste du mendiant qui demande l'aumône.

Le chien fit entendre un cri de joie et se précipita dans la grève, cherchant un galet qu'il rapporta bientôt ou plutôt qu'il vomit dans la main de son maître.

— Je regrette, dit le bon M. Tacaud, d'avoir demandé une pierre à Mousse par une température si étouffante; je ne puis maintenant refuser de la lui jeter, et il va avoir horriblement chaud.

Et, ce disant, il lança vigoureusement le caillou par-dessus la falaise, dans le champ qui surplombait.

Le chien s'élança comme une flèche vers un chemin situé à une centaine de mètres de là et qui permettait de contourner l'pic et de gagner les champs.

— Croyez-vous, demanda l'abbé, qu'il trouve la pierre après avoir fait un aussi grand détour pour aller la chercher?

— J'en suis absolument convaincu, répondit

Fabrice ; actuellement, il doit arpenter le champ qui nous domine, en remuant la queue et flairant le sol; tout à l'heure il me rapportera le galet, à moins que, par hasard, je ne l'aie lancé dans un endroit d'où il ne puisse l'extraire, dans une fente de rocher, par exemple, et alors, il restera en arrêt devant et il m'appellera pour que j'aille l'aider.

— Et à quoi croyez-vous qu'il reconnaisse votre pierre parmi tant d'autres? demanda l'abbé.

— A son odeur, certainement, dit M. Tacaud, car dans l'eau, même la plus claire et la moins profonde, il ne retrouve jamais les cailloux. Mais quelle est l'odeur qui le guide? Ce n'est sûrement pas celle que la pierre a empruntée à la main qui l'a lancée : je me suis amusé à lui lancer une pierre avec une pelle, sans la toucher moi-même, et il l'a parfaitement reconnue. Je pense que le galet lancé violemment prend par le frottement contre l'air des propriétés spéciales qui, pendant quelques instants, le distinguent suffisamment de toute pierre restée immobile. Mais le voici qui revient la queue haute.

En effet le brave chien revenait par la grève et

bientôt il déposait le caillou aux pieds de son maître.

— C'est bien, dit M. Tacaud en le flattant de la main, maintenant couche-toi là et laisse-nous tranquilles.

Et Mousse se coucha tranquillement à l'ombre, le nez près du galet qu'il venait de rapporter.

— Cet instinct est admirable, remarqua l'abbé.

— Cela prouve tout simplement, dit Fabrice, que les chiens ont l'odorat plus fin que nous; mais l'homme est si orgueilleux qu'il se croit supérieur en tout à tous les animaux, et qu'il s'étonne de trouver chez un chien ou chez un oiseau des sens plus délicats que les siens. L'homme est un des mammifères les plus mal doués au point de vue de l'olfaction.

— L'homme, répondit l'abbé, n'a pas besoin d'instincts développés comme les chiens et les singes; son intelligence, sa raison, y suppléent avantageusement.

— Voilà qui est bientôt dit, reprit brusquement M. Tacaud. Croyez-vous qu'avec leur intelligence et leur raison les Esquimaux qui voyagent sur la glace éviteraient les endroits où cette glace est insuffisamment épaisse, si les sens plus affinés de leurs chiens fidèles ne les amenaient à écarter les traîneaux des places dangereuses? Bien nombreux sont les cas où l'homme est tout heureux, malgré sa fierté, de tenir compte des indications précieuses que lui fournissent des animaux mieux doués que lui.

— N'exagérons pas trop, dit l'abbé; certains animaux ont, il faut en convenir, des instincts tout à fait merveilleux, mais l'homme seul est intelligent et raisonnable...

— C'est lui qui le prétend, interrompit M. Tacaud, et il est bien sûr que les chiens et les singes ne le contrediront pas. Il me semble cependant que si vous jetiez une pierre dans le champ par-dessus la falaise et si je me proposais d'aller la chercher, j'emploierais mon intelligence pour faire cette recherche, en me guidant avec mes yeux plutôt qu'avec mon nez, qui est un organe trop imparfait. Pourquoi voulez-vous que je considère comme instinctive chez mon chien une opération dans laquelle je ferais certainement usage d'intelligence? Et d'abord, puisque vous affirmez si nettement que les chiens n'ont que de l'instinct, comment définissez-vous l'instinct?

— Il est inutile de définir un mot qui se comprend assez de lui-même, dit l'abbé.

— Parfaitement, répondit Fabrice. C'est comme cela qu'on fait les discussions interminables, chacun des adversaires attribuant aux expressions les plus usuelles, dans la discussion, des significations entièrement différentes. Au fond, je crois que, sans plus ample réflexion, vous appelez instinctifs les actes exécutés par des animaux autres que l'homme. Et alors, il n'y a plus à discuter : les animaux n'ont pas droit à l'intelligence puisque le mot intelligence nous est réservé; l'intelligence animale s'appelle instinct; cela est infiniment simple et le tour est joué; il serait absurde après cela de parler de l'intelligence des animaux.

— Mais les hommes ont aussi des instincts qui tiennent précisément à leur nature animale, dit le prêtre; et vous voyez que votre raillerie n'a pas de base sérieuse.

— Définissez donc, repartit M. Tacaud, ce que vous appelez, chez l'homme, un acte instinctif, et nous verrons ensuite si, réellement, il ne se produit, chez les animaux, que des actes de même nature. Je me rappelle avoir entendu définir autrefois l'*humour* : « ce qui tient lieu d'esprit aux races qui n'en ont pas ». Les Français qui donnaient cette définition se réservaient le droit d'avoir de l'humour tout en ayant de l'esprit, mais les boutades les plus spirituelles de Mark Twain n'étaient jamais que de l'humour. De même, vous définiriez volontiers *instinct* ce qui sert d'intelligence aux espèces qui n'en ont pas; mais l'homme aurait droit à l'instinct tout en étant intelligent.

— Vous n'irez cependant pas, je l'espère, jusqu'à comparer l'intelligence de votre chien à celle d'un Bossuet ou d'un Pascal.

— Pas plus que je ne comparerai votre odorat à celui de Mousse, ou votre sens de l'orientation à celui des pigeons voyageurs, dit Fabrice; les chiens sont des chiens et ont des qualités de chiens, les hommes sont des hommes et ont des qualités d'hommes; l'intelligence de l'homme est beaucoup plus développée que celle du chien, l'odorat du chien est beaucoup plus développé que celui de l'homme; je prétends seulement qu'il n'y a pas de différence *essentielle* entre l'intelligence de l'homme et celle du chien, pas plus qu'il n'y a de différence essentielle dans l'odorat de ces deux espèces animales.

— Vous êtes logique avec vous-même, mon cher ami, dit l'abbé, en admettant *a priori* l'absence de toute différence essentielle entre l'homme et le chien, car cela est nécessaire à votre système transformiste; si vous admettiez que l'homme et le singe diffèrent *essentiellement* par l'intelligence, vous ne pourriez pas comprendre qu'un singe fût devenu un homme sans l'intervention de Dieu; et *il faut* que vous vous expliquiez tout sans l'intervention de Dieu!

— Si j'admets que les animaux sont, à un degré plus ou moins élevé, doués d'une intelligence qui ne diffère pas essentiellement de celle de l'homme, répondit M. Tacaud, ce n'est pas *a priori* et par esprit de système, comme vous voulez bien le croire, mais à la suite de longues et patientes observations. Lisez le livre de Romanes sur l'instinct et l'intelligence des animaux, et vous y trouverez la narration de faits précis qui démontrent péremptoirement que les singes, les éléphants, les chiens, etc., sont intelligents. Ou plutôt, regardez autour de vous, vivez dans l'intimité d'un chien, comme je l'ai fait depuis longtemps; observez ses actes journaliers, et, chaque fois que vous lui verrez faire quelque chose d'intéressant, mettez-vous dans sa peau et voyez vous-même quelles associations d'idées, quels raisonnements il vous aurait fallu pour exécuter la même chose. Je me suis livré à cet exercice dans ma cohabitation avec Mousse et j'en ai conclu que ce brave chien, tout en étant inférieur à un homme moyen au point de vue de la raison, ne manque pas cependant de logique et de bon sens.

» Vous avez pu voir déjà qu'il est menteur, ce qui indique une intelligence passable, et qu'il est tout honteux quand il est pris en faute; il sait fort bien ce qui lui est permis et ce qui lui est défendu, mais s'il se conforme au règlement quand je suis là, il abuse souvent de mon absence pour le violer, absolument comme le ferait un homme. Je ne l'ai jamais battu, mais je lui témoigne mon mécontentement en le boudant quand il a fait quelque chose de mal, quand il a profité, par exemple, de ce que j'observe une fleur avec attention pour effrayer quelques moutons paissant dans les landes. Et il faut voir alors comme il est malheureux ! Il me regarde la tête basse et la queue entre les jambes, tandis que je fais semblant de ne pas remarquer sa présence; il ne perd pas un seul de mes mouvements, il guette un regard affectueux et, dès qu'il a obtenu ce regard, il redresse la queue et se précipite sur moi en me remerciant, par des aboiements joyeux, d'avoir fait cesser sa pénitence.

— Tous les chiens traités avec douceur agissent de même, dit l'abbé, et cela ne prouve pas qu'ils aient autre chose que de l'instinct. Le cardinal Manning [1], autorité respectable à coup sûr, trouve, en comparant la structure de l'homme avec celle du singe, qu'il y a entre elles *un seul* groupe de similitudes et *cinq* groupes de dissemblances.

— Voyons ces similitudes et ces dissemblances, dit M. Tacaud en croisant les jambes et prenant une posture commode pour écouter un sermon.

— Je connais particulièrement le sujet, com-

---

[1]. *Les Raisons de ma croyance*, par le cardinal Manning, archevêque de Westminster. Trad. française; Paris, Bloud et Barral.

mença l'abbé, parce que c'est un des derniers que j'aie traités avant ma maladie, et je considère les arguments du cardinal Manning comme très frappants en même temps que très solides.

» On trouve naturellement le groupe de similitudes dans la forme et la disposition des os du squelette; encore y a-t-il une discontinuité fort nette entre le squelette de l'homme et celui du singe qui ressemble le plus à l'homme; or, cette discontinuité, aucun chaînon n'est jusqu'à présent venu la combler.

— Et le Pithécanthrope de Java? fit observer Fabrice.

— Les savants eux-mêmes ne sont pas d'accord à son sujet, répondit l'abbé; et d'ailleurs, je vous accorderai si vous voulez que ce fossile particulier comble la lacune qui sépare le squelette de l'homme et celui des singes anthropomorphes; cela a en effet bien peu d'importance étant donné que, contre ce seul groupe de similitudes squelettiques, se dressent cinq groupes de différences bien plus remarquables.

» Le premier groupe est le langage articulé. Si on veut dire que le babillage du singe correspond au langage de l'homme, je répondrai que le langage de l'homme a une philosophie, exprime la personne, l'action, la passion, le temps, la relation, la condition, tout ce que nous appelons la grammaire. Montez-moi la plus légère indication d'une grammaire des singes !

L'abbé s'exaltait ; M. Tacaud écoutait en souriant et dessinait des arabesques avec sa canne sur le sable de la grève.

— Le second groupe, continua l'abbé, est la faculté d'abstraction, qui a élaboré la grammaire, les principes de Newton, et inventé le télégraphe électrique.

» Le troisième groupe est l'intelligence créatrice qui a produit l'*Odyssée*, la *Divine Comédie*, *Guy Mannering*, le *Moïse* de Michel-Ange et la *Symphonie pastorale* de Beethoven.

» Le quatrième groupe est la raison morale, le jugement, la sagesse, qui ont élevé le niveau de la vie humaine, qui ont formé la jurisprudence et la législation du monde.

» Le cinquième groupe est le monde intime de la conscience morale, le sentiment de la responsabilité envers un suprême Législateur et Juge, et la prévision du compte que nous devrons lui rendre un jour.

» Ces cinq groupes de dissemblances ne sont pas moins tangibles que le groupe des similitudes entre le corps et les os.

» Une induction qui tient compte d'un seul groupe de phénomènes d'ordre inférieur et laisse de côté cinq groupes de phénomènes de l'ordre le plus élevé, n'est ni scientifique ni philosophique. Elle n'est qu'un outrage à la philosophie, à la science et au bon sens. Mais il y a des hommes qui préféreraient une sorte de suicide de l'intelligence à l'aveu de l'existence de leur créateur [1].

L'abbé déclamait un peu; M. Tacaud écoutait attentivement; Mousse dormait à l'ombre, insensible à la discussion dont il avait été la cause.

— Je n'ai pas le moins du monde le désir de commettre ce suicide de l'intelligence humaine, reprit doucement Fabrice, et je ne suis pas disposé à nier les dons naturels que je trouve dans ma nature d'homme, pour essayer de me prouver

---

1. Toute cette argumentation de l'abbé est textuellement empruntée à la traduction, citée plus haut, de l'opuscule du cardinal Manning.

à moi-même que je descends d'un singe. Je prétends seulement que vous n'avez pas le droit de refuser aux animaux des rudiments de toutes ces propriétés que vous considérez comme suffisant à établir entre l'homme et les autres êtres vivants une ligne de démarcation infranchissable.

— Démontrez, dit l'abbé, en prenant à son tour la posture de l'homme qui se dispose à écouter.

— Et d'abord, mon cher abbé, je trouve que vous avez été bien généreux dans votre nomenclature, en considérant qu'il y a cinq groupes de dissemblances, alors que vous admettiez un seul groupe de similitudes. L'homme ressemble aux singes anthropoïdes, non seulement par son squelette, mais encore par ses muscles, son foie, ses reins, ses poils, etc., etc., et même son cerveau, en un mot, par tous ses tissus et tous ses viscères. Je vous fais grâce des similitudes du domaine embryologique. Vous savez que l'homme provient d'un œuf fécondé, comme le gorille. Un jeune embryon humain ne saurait être distingué de celui d'un chien; à un stade plus avancé, il reste encore tout à fait comparable à celui d'un singe. Par l'embryologie comme par l'anatomie, l'homme est un singe du groupe des Primates.

» Et ce groupe de similitudes, dont vous faites fi aujourd'hui parce que vous ne pouvez plus le nier, a fortement gêné, il y a quelque trente ans, ceux qui défendaient la cause que vous soutenez en ce moment. La preuve en est que le célèbre professeur Owen, applaudi de tous les gens bien pensants, a affirmé qu'il y avait une différence essentielle entre le cerveau de l'homme et celui du gorille ; il a nié l'existence du petit hippocampe chez les singes anthropomorphes, et cela, sans en avoir disséqué un seul cerveau ! Huxley, ayant à sa disposition un cerveau de gorille, vérifia au contraire l'existence de ce petit hippocampe et écrivit à Owen de venir s'en assurer ; néanmoins, quoique la preuve fût faite et vérifiée par de nombreux naturalistes — elle l'a d'ailleurs été maintes fois depuis, et personne ne parle plus aujourd'hui de cette différence supposée, — Owen, deux ans après, soutint encore la même assertion dans un congrès de zoologie !

» Ce n'est pas que j'attache une grande importance au petit hippocampe en lui-même ; je vous raconte cette histoire pour vous montrer qu'on n'a pas toujours, dans votre camp, considéré comme insignifiant ce premier groupe de similitudes entre les guenilles matérielles de l'homme et des singes. Cette ressemblance, sans être contraire au dogme, naturellement, puisqu'elle est aujourd'hui démontrée, ne devait donc pas lui être sympathique, comme vous disiez si élégamment du transformisme en général.

— Vous me cherchez une querelle d'Allemand, dit l'abbé, puisque j'ai admis sans restriction l'existence de ces ressemblances corporelles.

— Sans doute, répondit M. Tacaud, mais vous les avez classées dans un pauvre petit groupe, alors que vous avez fait cinq groupes importants des dissemblances essentielles ! Enfin, je serai beau joueur, comme on l'est volontiers quand on a beaucoup d'atouts dans son jeu.

— Voyons ces atouts, dit l'abbé.

— Votre second et votre troisième groupe, commença Fabrice, ne me semblent pas essentiellement différents l'un de l'autre; de plus ils paraissent dépendre fortement du premier groupe : je ne vois pas qu'Homère eût pu chanter le voyage d'Ulysse, s'il n'avait été doué du langage articulé. Mais je laisse de côté pour le moment cette question du langage, et je me bornerai à celles des œuvres humaines qui auraient pu se concevoir sans la parole articulée; elles ne sont pas nombreuses, je vous assure.

» Le raisonnement précis n'est pas absent chez les animaux; si vous avez le temps d'aller voir les castors en Amérique, vous constaterez par vous-mêmes que leurs cités sont construites par de véritables ingénieurs qui connaissent, de manière à les appliquer intelligemment, les lois de l'hydrostatique; il y a des canaux, des digues, des trop-pleins, des déversoirs, édifiés avec un souci remarquable de l'horizontalité et des différences de niveau. Ce sera pour vous un instinct merveilleux! soit; mais un homme ne ferait pas la même chose sans raisonnement et calcul.

» Je ne sache pas que des animaux aient inventé l'analogue de notre télégraphe électrique, et je fais à ce sujet toutes sortes de réserves, car nous sommes loin de connaître aujourd'hui toutes les merveilles du monde animal, mais il y a des exemples d'animaux ayant compris des mécanismes construits par des hommes. Les trappeurs qui disposent des pièges pour prendre de petits mammifères à fourrure précieuse subissent de grandes pertes à cause des gloutons, qui savent manger les appâts sans courir aucun risque; ces intelligents et voraces animaux commencent en effet par désarmer le piège; après quoi, ils se nourrissent en toute sécurité de la pitance qui ne leur était pas destinée. Les trappeurs ont beau s'ingénier à imaginer des systèmes nouveaux, ils n'ont pas su, jusqu'à présent, éviter les déprédations de cet ennemi insupportable.

— L'instinct de la conservation pousse les animaux à flairer le danger, dit l'abbé.

— Vous voilà retranché derrière un lieu commun, mon pauvre ami, répondit M. Tacaud. Il n'y a pas très longtemps que l'industrie des fourrures a fait imaginer à l'homme les engins dont il se sert aujourd'hui, et vous admettrez bien que la première fois qu'un glouton a vu un piège, cela a été nouveau pour lui. Or, ce qui caractérise l'instinct, c'est d'être fixe et de ne pas se modifier en raison des circonstances; c'est donc l'intelligence de l'animal qui a su éventer le danger, et surtout satisfaire sa gourmandise en tournant la difficulté.

— Je vous ferai remarquer, interrompit l'abbé, que vous venez d'appuyer votre démonstration sur une définition de l'instinct que je n'ai pas acceptée. Je connais cette fameuse définition de l'intelligence à laquelle vous faites allusion : la possibilité de tirer parti de son expérience. Or c'est là une caractéristique insuffisante; ce qui, pour moi, distingue l'intelligence humaine, c'est précisément la faculté d'abstraction, et aussi les trois derniers groupes de phénomènes que je vous ai énumérés tout à l'heure. Montrez-moi un animal qui sache se dire que « le tout est plus grand que la partie »!

— Comment le ferait-il sans la parole articulée, dit en riant M. Tacaud, et comment le feriez-vous vous-même si vous ne pouviez parler, mentalement au moins; mais nous aurons tout à l'heure l'occasion de nous occuper de la parole; qu'est-ce qui vous prouve que le chien ou le singe n'a pas cette faculté d'abstraction dont vous êtes si fier? Le castor fait des raisonnements qui semblent mathématiques, dans la construction de ses digues.

— Qui semblent! dit l'abbé ironiquement; il

vous suffit de peu de chose pour attribuer à ces misérables rongeurs le génie d'un Pascal; et vous direz encore que vous n'avez pas d'esprit de système et que vous tirez librement des conclusions de l'observation impartiale de la nature!

— Ma foi, dit en riant Fabrice, je trouve tout naturel d'attribuer à des animaux les raisonnements que j'aurais à faire pour exécuter ce qu'ils font; mais vous-même, mon cher ami, sur quoi vous fondez-vous pour m'affirmer que les animaux muets n'ont ni raison, ni sagesse, ni conscience morale, etc.? Uniquement sur le fait qu'ils ne savent pas nous exprimer tout cela en beaux discours, car vous ne croyez pas à la métempsycose, j'imagine, et vous n'avez jamais été chien ou singe pour pouvoir me raconter ce qui se passe dans leur for intérieur?

— Le simple bon sens me le prouve suffisamment, dit l'abbé.

— Il faut donc que je sois dépourvu de ce simple bon sens, répondit M. Tacaud, car cela ne me paraît pas évident le moins du monde. Je constate que mon chien a la notion de ce qui pour lui, chien, est le bien et le mal, c'est-à-dire, de ce que je lui défends. Cela, il me le prouve quotidiennement ; je n'ai pas la prétention de connaître ce qu'il pense sans le manifester.

— Montrez-moi donc les œuvres d'art des singes et des chiens, interrompit l'abbé.

— Montrez-moi celles des Fuégiens ou des Négritos, répliqua Fabrice ; et quant aux habitations des castors, à la demeure des oiseaux républicains, aux rayons des abeilles, aux nids des termites, vous leur dénierez la qualification d'œuvres d'art, parce qu'elles sont l'œuvre d'animaux ! Vous refuserez aux fourmis et aux autres animaux qui vivent en commun, une jurisprudence et une législation et, cependant, leurs sociétés pourraient nous servir de modèle. Vous n'ignorez pas qu'on a même observé récemment, chez certains hyménoptères, des mouvements bizarres, réguliers et faits en commun, mouvements qui semblaient si parfaitement inutiles qu'on a cru y voir les cérémonies d'un culte religieux !

— Ainsi donc, les fourmis croiraient en Dieu ! s'écria l'abbé en riant de toutes ses forces. Vraiment, mon cher ami, vous êtes amusant avec votre amour des bêtes : vous ne leur refusez plus rien !

— Pourquoi voulez-vous que je nie ce que je vois? répondit tranquillement M. Tacaud; et si les fourmis croient en un Dieu fait à leur image, pourquoi voulez-vous que je trouve cela extraordinaire? Vous y croyez bien, vous!

— Mon cher ami, dit l'abbé d'un ton plus sévère, je croyais que vous parliez sérieusement; il y a des choses sur lesquelles il n'est pas permis de plaisanter; c'est une pure moquerie que de vouloir trouver chez les êtres les plus vils de la création les sentiments les plus nobles de l'homme.

— Je n'ai jamais parlé plus sérieusement, dit Fabrice en riant. Je n'ai pas l'intention de vous démontrer que les fourmis, les castors ou les gloutons sont des hommes. Les fourmis sont des fourmis, les castors sont des castors, et je vous avouerai que je ne vois pas trop ce qu'ils gagneraient à changer leur nature contre la nôtre. Je n'ai donc jamais prétendu que vous trouveriez dans l'un ou l'autre de ces animaux exactement ce qui existe chez l'homme; j'affirme au contraire que vous ne l'y trouverez pas. Mais, je le répète, vous n'avez aucun droit de conclure de l'observation de la nature qu'il y ait une différence *essen-*

tielle entre les propriétés de l'homme et les propriétés correspondantes des animaux.

— Je m'appuie pour cela sur l'autorité des conciles, dit l'abbé.

— Mais les conciles qui ont établi, entre l'homme et les animaux, cette ligne de démarcation infranchissable, connaissaient-ils réellement les animaux? Ils n'avaient jamais vu d'anthropoïdes, par exemple.

— Dieu les inspirait, interrompit le prêtre.

— Vous voilà donc revenu à la révélation, dit M. Tacaud. Et ce sera la même chose pour toutes les fois que les raisonnements scientifiques vous gêneront; il vaut mieux vous y tenir une fois pour toutes et refuser de parti pris toute discussion.

— Mon bon sens et ma raison m'apprendraient par eux-mêmes tout ce que je crois aujourd'hui, si l'Église ne me l'avait pas enseigné, répondit l'abbé.

M. Tacaud sourit sans répondre, et flatta de la main Mousse qui se réveillait.

— Nous t'avons ennuyé, hein! mon pauvre vieux, lui dit-il, avec notre conversation philosophique; mais regardez donc, continua-t-il en s'adressant à l'abbé, mais regardez donc si ses yeux ne brillent pas du feu de l'intelligence, et s'il n'a pas l'air de vouloir comprendre ce que je lui dis ! Il y a des jours où je crois que ce pauvre chien souffre de ne pouvoir parler.

— Voilà au moins une différence que vous me permettrez de constater sans invoquer l'autorité de l'Église, dit assez aigrement l'abbé Jozon. Vous venez de convenir vous-même que cet excellent Mousse ne possède pas le langage articulé.

— J'en conviens, en effet, dit Fabrice en riant, et vous voyez que cette imperfection n'est pas sans présenter quelques avantages ; grâce à elle, le brave chien a utilement consacré à un sommeil réparateur le temps que nous avons gaspillé en discussions stériles.

» Je vous avouerai même, humblement, que le langage articulé de l'homme me paraît infiniment supérieur à tous les moyens de conversation que possèdent les autres animaux, mais je n'oserais pas l'affirmer ; je ne connais pas assez la manière de vivre de tous les êtres vivants ; les fourmis, qui sont sourdes et n'ont pas par conséquent de langage phonétique, semblent se dire des choses très intéressantes en se frottant réciproquement les antennes; malheureusement, je ne saurai jamais ce qu'elles se disent.

» Pour ce qui est de l'émission de sons, il y a, sans conteste, infiniment plus de variété dans ce que peuvent dire les hommes, que dans ce que crient les chiens ou les singes. Mais certains animaux ne manquent pas d'une certaine étendue dans le mécanisme vocal. Les rossignols exécutent, pendant les belles nuits d'été, des chants variés et doux qui, sans égaler la Symphonie pastorale de Beethoven, indiquent cependant des dispositions musicales appréciables.

» Quant aux perroquets, l'étendue de leur appareil phonateur ne semble le céder en rien à celui de l'homme; il serait même plus complet, au moins pour les sons aigus, d'après ce que disent les gens compétents.

— Je vous attendais là, dit vivement le prêtre; voilà que vous comparez la voix des perroquets au langage de l'homme, parce que ces misérables volatiles savent imiter stupidement, sans les comprendre, les paroles qu'ils entendent prononcer autour de leur perchoir! Ici, je vous prends en flagrant délit de sophisme volontaire, car vous savez aussi bien que moi que les perroquets ne comprennent pas ce qu'ils disent!

— Ils ne comprennent pas ce qu'ils disent quand ils parlent français, cela, je l'avoue, dit gaiement M. Tacaud; mais savez-vous s'ils ne s'entendent pas quand ils parlent perroquet? Vous n'avez jamais assisté au coucher des perruches dans les pays chauds? C'est un bavardage assourdissant et qui dure environ une heure après que le soleil a disparu. Je n'ai jamais rien compris à ce que se racontent ces bruyants animaux, mais j'ai acquis, en les observant, la conviction qu'ils se disent quelque chose. Et si je m'étais amusé à imiter leurs cris, — ce qui m'aurait été fort difficile, car ces cris sont très variés et très rapides,—pensez-vous que ces malicieux oiseaux n'auraient pas fait à mon sujet le raisonnement peu flatteur que vous venez de faire au sujet des perroquets, et ne se seraient pas dit, dans leur langage : « Voilà un « imbécile qui imite assez bien ce que nous disons, « mais qui évidemment ne comprend rien à ce qu'il « répète. » Et les perruches auraient eu raison.

— Les perroquets auraient donc le langage articulé, au même titre que l'homme? interrogea l'abbé.

— Au même titre que l'homme, c'est une chose que je ne puis ni affirmer ni nier, répondit Fabrice. Vous m'avez fait remarquer que le langage de l'homme a une philosophie, exprime la personne, l'action, etc., etc.; je ne sais pas si le langage des perroquets a une grammaire, et vous ne le savez pas non plus, mon cher ami, puisque personne ne s'est jamais donné la peine de l'étudier. Mais je ne vois pas pourquoi vous admettriez *a priori* que la conversation des perruches n'est pas aussi élevée que celle des Négritos ou des Fuégiens. Quant aux malheureux oiseaux que nous élevons sur des perchoirs, ils s'amusent à imiter ce qu'ils entendent, et ils le font exactement comme un enfant qui apprend une fable d'Ésope sans la comprendre. On a suivi leurs essais, et on a précisément constaté que le mécanisme de leur mémoire est le même que celui de l'homme.

— Les perruches auraient aussi leur Odyssée, leurs Niebelungen, leur folk-lore? dit l'abbé.

— Je l'ignore, répondit M. Tacaud avec gravité.

Comme ces bruyants volatiles n'ont pas de mains, ils ne doivent pas écrire, et je ne pense pas qu'ils aient inscrit, avec leur bec, sur les écorces des arbres, les hauts faits de leurs héros. Je constate seulement qu'ils parlent quand ils sont ensemble dans la forêt et que, d'autre part, ils ont un organe assez étendu pour imiter la voix de l'homme. Leurs conversations sont-elles des discussions philosophiques? je souhaite que non, mais ni vous ni moi ne saurions le nier.

— Voilà donc, dit l'abbé avec un sourire victorieux, que vous prêtez une philosophie aux perroquets, comme vous prêtiez tout à l'heure le génie mathématique aux castors!

— Je constate seulement, répondit Fabrice, que les perroquets ont un langage, et que nous n'avons aucunement le droit de supposer que leur langage, même s'il est inférieur à celui de l'homme, en est *essentiellement* différent. Et toute cette philosophie dont vous êtes si fier et grâce à laquelle vous placez l'homme si haut, je crois bien qu'elle dépend étroitement de votre langage articulé et qu'elle pourrait se résumer dans la triste et profonde parole d'Hamlet : *Words, words, words!*

— Je serais bien aise de vous voir démontrer cela, dit l'abbé. Alors, un muet ne penserait pas!

— Nous allons le discuter dans un instant, si vous voulez, reprit M. Tacaud. Pour le moment laissez-moi conclure.

— Concluez, mon ami!

— De toutes les dissemblances dont le cardinal Manning fait ces cinq groupes si formidables, nous sommes obligés de reconnaître que les unes, celles qui ont trait aux pensées intimes et non manifestées des animaux, vous les admettez gratuitement, *a priori*, ou sur la foi de l'autorité des conciles, sans avoir aucun moyen de démontrer leur existence.

— Ma raison suffit à la démontrer, interrompit l'abbé.

— La mienne, au contraire, demande des preuves, répondit Fabrice. Quant aux autres dissemblances, celles qui peuvent se manifester à nous, l'observation impartiale du monde vivant nous force à admettre que, si elles sont indéniables au point de vue du développement des facultés, elles ne portent pas sur la nature, sur l'essence même de ces facultés. Je ne prétends pas qu'un castor sache raisonner aussi bien qu'un homme, j'affirme seulement que le castor donne, par ses constructions savantes, la preuve qu'il possède le rudiment du raisonnement de l'homme. Le glouton possède le rudiment de notre notion de mécanisme. Le perroquet possède le langage articulé. Des cinq groupes de dissemblances que propose l'archevêque de Westminster, les seuls qui soient accessibles à l'observation raisonnée et impartiale comprennent donc des différences de quantité, et non des différences essentielles.

» J'admets avec vous que, de l'homme au singe, il y a une distance énorme, mais je crois que cette distance, qui aujourd'hui semble constituer un abîme infranchissable, a été primitivement beaucoup moins sensible; elle s'est accentuée surtout parce que les singes ancêtres de l'homme étaient mieux doués que les autres singes au point de vue du système phonateur, ainsi que le sont aujourd'hui les perroquets par rapport à d'autres oiseaux, leurs parents.

» L'existence d'un langage articulé chez un singe ancêtre de l'homme a facilité les relations d'individu à individu, et donné à la vie sociale une intensité qu'elle ne pouvait atteindre chez les singes incapables de parler. Progressivement, l'existence de ce langage a permis à nos ancêtres un grand nombre d'opérations qui se sont traduites par un développement de plus en plus considérable du cerveau, en vertu du principe de Lamarck, que les organes se développent par le fonctionnement et que l'hérédité conserve les caractères acquis. Je crois d'ailleurs que le langage s'est perfectionné aussi de plus en plus, et qu'il était loin, au début, d'être comparable à ce qu'il est aujourd'hui, même chez les races les plus inférieures. C'est grâce au langage que les hommes ont pu se livrer à des considérations d'ordre plus complexe que celles qui sont permises aux singes muets, et c'est pour cela qu'il y a aujourd'hui, entre le cerveau d'un homme inférieur et celui du singe le plus élevé, cette différence de poids et de capacité qui semble établir entre les deux espèces un abîme infranchissable.

— Mais où sont les gradations et la transition? dit l'abbé; où est le singe qui se rapproche de l'homme et où est l'homme qui commence à devenir homme[1]?

1. Manning, op. cit., p. 10.

— Vos amis posaient cette question en toute confiance, il y a quelques années, répondit M. Tacaud ; ils semblaient avoir trouvé là un argument auquel les savants ne devaient jamais répondre à cause de la pauvreté des documents paléontologiques. Et voilà que précisément l'on a trouvé à Trinil, dans l'île de Java, les restes de cet être qui ressemble à l'homme et dont la capacité cranienne est précisément intermédiaire à celle de l'homme et des singes anthropoïdes ; on l'a appelé le *Pithecanthropus*, le *Singe-Homme*.

— Ce squelette est simplement celui d'un idiot à cerveau atrophié, dit l'abbé.

— La chose est possible, répondit Fabrice. Mais comme ce squelette est, de l'avis de tous les géologues, extrêmement ancien, comme il est le seul de son époque qui nous soit aujourd'hui connu, il est assez invraisemblable que cet individu qui, par exception, s'est trouvé seul dans des conditions de fossilisation convenables, ait été aussi un type exceptionnel parmi ceux de son espèce ; il est plus probable à mon avis que la race de Trinil se composait d'idiots, comme vous dites, ou du moins d'individus à cerveau peu développé. Des paléontologistes sont d'ailleurs partis pour Java, où ils espèrent trouver d'autres échantillons du même type, mais je ne sais pas s'ils réussiront.

— Ainsi donc, reprit le prêtre, il est bien entendu que c'est le langage articulé seul qui fait la différence entre l'homme et le singe.

— Au début de la séparation des deux souches, répondit M. Tacaud, il est probable que l'ancêtre de l'homme et l'ancêtre du gorille ne présentaient pas de différence plus considérable que celle-là; depuis lors, sous l'influence du langage articulé, l'homme s'est éloigné progressivement de son cousin et a développé un grand nombre de parties de son cerveau qui sont restées rudimentaires chez le singe.

— Mais, repartit vivement l'abbé, si c'est le langage articulé qui a fait de l'homme le maître du monde, comment se fait-il que le perroquet, qui possède le même avantage, soit resté si loin derrière lui?

— Le cerveau du perroquet, dit Fabrice, est beaucoup plus développé que celui de la plupart des oiseaux, mais ce n'en est pas moins un oiseau. L'homme est devenu supérieur au singe, son parent, par le langage articulé, mais le singe était déjà un des animaux les mieux doués du monde; le gorille ne redoute pas le lion. Dans chaque groupe naturel de la classification, il y a des types supérieurs et des types inférieurs, *si on les compare entre eux*, mais le poulpe, qui est le plus remarquable des mollusques et qui a des yeux équivalant presque à ceux de l'homme, n'en est pas moins inférieur au rat qui est cependant un mammifère bien ordinaire. Je ne crois pas qu'un oiseau, quelque supérieur qu'il devienne par rapport aux autres oiseaux, puisse jamais approcher d'un être qui a des mains, pour m'en tenir à cette seule particularité.

— Alors les mains sont aussi un élément de supériorité, dit l'abbé.

— C'est un instrument bien commode pour faire beaucoup de choses, répondit M. Tacaud. Remarquez que la plupart des animaux qui ont un outil avantageux ont presque tous acquis, par là même, une supériorité intellectuelle sur leurs voisins. Si la queue du castor n'avait pu lui servir de truelle, il est probable qu'il n'eût pas progressivement conçu l'utilité des digues horizontales et des déversoirs. Que serait un éléphant sans trompe ? C'est cet organe si merveilleux qui lui a permis d'exécuter beaucoup de choses et, par là même, d'acquérir l'intelligence de ces choses ; de même, c'est le langage articulé qui a permis à l'homme de faire de la philosophie.

— Nous y voilà donc, dit le prêtre en se frottant les mains. Vous allez me montrer, j'espère, qu'il suffit à un être de pouvoir parler pour devenir Pascal ou Bacon.

— Tous les hommes ne sont pas des génies, répondit Fabrice, et la philosophie du Cafre ou de l'Aïno est sans doute beaucoup plus simple que celle de Kant ; mais je prétends que, s'il n'avait pas été doué du langage articulé, Descartes n'aurait pas écrit son Discours sur la méthode.

L'abbé partit d'un éclat de rire, auquel M. Tacaud s'associa de bon cœur ; Mousse, intrigué, les regarda fixement et, pensant peut-être qu'ils riaient de lui, alla s'asseoir plus loin sur la grève.

— Et voilà pourquoi votre fille est muette, dit l'abbé, continuant à rire ; la science fait vraiment de bien subtiles découvertes !

— Bien peu de gens songent cependant à ce

que je viens de vous dire sous une forme ridicule, reprit M. Tacaud. Évidemment, si Descartes n'avait pas pu parler ou écrire, il n'aurait pas été à même de nous communiquer ses réflexions admirables; ce que je veux dire, c'est que, ces réflexions, il n'aurait pas pu les *penser* sans les parler, mentalement au moins. Vous pouvez bien vous représenter un cheval, un encrier, une paire de ciseaux, mais si vous n'avez pas de langage articulé, vous ne pouvez établir entre ces objets que des rapports de situation dans l'espace; c'est, je crois, de cet ordre que sont les raisonnements mathématiques des castors. Les fameuses abstractions dont vous êtes si fier, ce sont des mots, rien que des mots, mais le langage articulé fait tellement partie de nous aujourd'hui, que nous ne pouvons plus même nous imaginer ce que peut être un animal qui n'en est pas doué. Quand je prête une idée à mon chien, je lui prête en même temps des mots pour l'exprimer.

— Mais cette phonation mentale à laquelle vous attribuez une importance capitale, n'est-elle pas précisément en dehors du domaine matériel dans lequel vous voulez nous ensevelir?

— Elle résulte de phénomènes matériels qui se passent dans une partie fort bien connue de notre cerveau, la circonvolution de Broca. La preuve en est que la destruction de cette région entraîne l'aphasie. Les idiots aussi sont des aphasiques vrais et ne comprennent pas ce qu'on leur dit quoiqu'ils ne soient pas sourds. Si vous voulez bien vous donner la peine de faire attention à ce qui se passe en vous, vous remarquerez que, pour entendre réellement ce que je vous dis, vous êtes obligé de vous le répéter mentalement à vous-même; l'impossibilité de comprendre est une preuve de la suppression de la phonation mentale.

— Une âme humaine ne peut accomplir sa fonction qu'au moyen d'un corps sain, dit le prêtre, de même que le mécanicien ne peut actionner une locomotive à laquelle manque un rouage.

— C'est justement ce qui prouve, à mon avis, qu'il n'y a pas d'âme, répondit Fabrice, mais nous parlerons de cela une autre fois. Je prétends seulement que c'est l'exercice du langage articulé qui a développé dans notre cerveau les parties correspondant aujourd'hui à la phonation mentale, parties avec lesquelles nous exécutons précisément les quatre derniers groupes d'opérations de la nomenclature du cardinal Manning. Les sourds-muets ne peuvent suivre un raisonnement qu'au moyen d'une phonation mentale, résultant d'un cerveau héréditairement constitué comme tous les cerveaux, malgré l'imperfection des mécanismes phonateurs ou auditifs. Mais vous viendrez vous-même à ma conclusion quand vous aurez pensé quelque temps au rôle de la parole dans vos opérations mentales. Laissons donc là cette discussion; voici d'ailleurs l'heure du bain; la mer semble délicieuse.

— Allons nous baigner, dit l'abbé, et puisse l'influence salutaire de cette immersion rafraîchissante donner à votre esprit la santé dont jouit votre corps. Vous êtes bien malade, mon pauvre ami, continua-t-il apitoyé, et vous ne vous rendez pas compte que vous cherchez midi à quatorze heures pour nier l'évidence; vous fatiguez votre esprit à expliquer des choses toutes simples que votre orgueil seul vous empêche de voir telles qu'elles sont; l'orgueil est le plus grand obstacle à la foi.

— L'exercice est salutaire à l'esprit comme au corps, mon cher abbé; l'exercice du trapèze est excellent quoique ce soit là du travail absolument perdu. De même les discussions philosophiques et la recherche de la vérité, si elles sont parfaitement inutiles, entretiennent du moins la vigueur de notre cerveau. Allons nous baigner.

IV

LA MORT

Pour l'abbé Chanvillard.

Comme M. Tacaud et l'abbé allaient commencer leur promenade quotidienne, un enfant arrivait par le sentier rocheux de la lande; il marchait pieds nus et tenait ses sabots à la main, car il avait dû courir vite, mais quand il vit les deux amis, il s'arrêta court et tira son bonnet d'un air timide et embarrassé.

— Qu'y a-t-il, mon enfant? lui demanda M. Tacaud avec douceur.

L'enfant rougit jusqu'aux oreilles et se décida enfin à parler. Il venait, dit-il, de la part de la vieille Yvonne, de Keréwan, qui en rentrant du lavoir avait trouvé son fils mort dans son lit.

— Voulez-vous que nous allions jusque-là? dit Fabrice à son ami; le village n'est pas très éloigné et je désire apporter quelques consolations à la vieille femme.

L'abbé accepta, et ils se mirent en route, précédés du petit gamin qui tenait toujours ses sabots d'une main et son bonnet de l'autre.

— La mort de ce pauvre garçon ne me surprend pas, dit M. Tacaud chemin faisant; il avait été réformé du service à la suite d'un accident grave, et, depuis deux ans qu'il était ici, il avait voulu faire le métier trop dur de piqueur de pierres. Au bout de quelques mois, il avait craché le sang et s'était arrêté, mais, les hémoptysies ayant cessé, il avait repris son travail; cela et une mauvaise nourriture — ils ne mangent que des pommes de terre et du lait baratté — l'avaient rapidement miné et, quand je suis arrivé il y a un mois, je l'ai trouvé tout à fait épuisé par la maladie; je pensais néanmoins que, le beau temps aidant, il irait jusqu'à l'automne.

— Croyez-vous qu'il ait eu la visite d'un prêtre? demanda l'abbé.

— C'est peu probable, répondit M. Tacaud; sa

mère avait fait venir le curé lors de son dernier crachement de sang, mais depuis, le mal avait une allure torpide et rien ne pouvait faire prévoir à ces pauvres gens une issue fatale immédiate.

Ils continuèrent leur route en silence, absorbés l'un et l'autre par des pensées tristes.

Le village de Keréwan a un aspect étrange : à peine deux maisons sont habitées au milieu d'une vingtaine de ruines dont les pignons sans toit se dressent lugubrement vers le ciel ; on dirait qu'un ouragan vient de tout dévaster, et cependant, quand on s'approche, on reconnaît, sur les pierres des murs, la patine du temps. Les tempêtes ont enlevé les toitures de chaume et personne ne les a réparées ; deux maisons seulement sont intactes, enfouies dans ce cimetière ; elles ne se distinguent des ruines qui les entourent que par leur couverture à peu près complète et par la grêle fumée qui s'élève de leurs cheminées de granit.

La maison de la vieille Yvonne était la plus pauvre des deux ; le chaume pourri de son toit était couvert d'une abondante végétation — mousses, cotylédons, joubarbe, — et semblait n'avoir pas été réparé depuis longtemps. Des quatre vitres de l'unique petite fenêtre, l'une était remplacée par un bouchon de paille, une autre à moitié obstruée par un morceau de papier collé. La porte était ouverte ; ils entrèrent.

Dans une demi-obscurité, la vieille femme, assise auprès du maigre feu de tourbe, marmottait son chapelet en attendant la venue des commères qui devaient l'aider à faire la toilette du mort ; l'abbé s'approcha du lit clos où l'on devinait le cadavre plutôt qu'on ne le voyait, et s'agenouilla sur le coffre. M. Tacaud eut avec la paysanne une courte conversation en breton et lui donna quelque argent. Au moment de s'en aller l'abbé le pria de faire savoir à la pauvre Yvonne qu'il dirait une messe à l'intention de son fils.

Comme ils venaient de sortir, l'abbé respira fortement.

— Vous suffoquiez, dans cette chaumière ! lui dit son ami ; voilà dix ans que j'essaie de faire comprendre à ces malheureux que l'air et la lumière sont nécessaires à la santé ; mais ils ont trop peur du vent et de la pluie en hiver, et les maisons neuves ont des fenêtres encore plus petites que les anciennes.

— Le mort n'a pas reçu les sacrements? interrogea le prêtre.

— Je pense que non, répondit M. Tacaud, je n'ai pas songé à le demander à la vieille.

L'abbé fit un geste de surprise et dit d'un ton assez mécontent :

— Mais de quoi avez-vous donc parlé?

— Elle m'a dit que son fils était « parti » pendant qu'elle était au lavoir et que c'était bien malheureux, qu'il y avait encore trois semaines avant l'échéance du trimestre et qu'elle se demandait si on le lui paierait.

— Je ne comprends pas, dit l'abbé.

— Ayant été blessé en service commandé, le pauvre garçon avait obtenu une pension de réforme; il touchait vingt francs par trimestre, mais il ne pouvait les toucher que sur la présentation d'un certificat de vie. Je ne crois pas qu'il soit facile à sa mère de percevoir les arrérages du trimestre commencé.

— Et c'est d'une malheureuse question de gros sous que s'occupe cette vieille près du cadavre de son fils unique, s'écria l'abbé avec indignation; le cœur des mères est donc desséché, dans cet affreux pays!

— Calmez-vous, mon ami, répondit M. Tacaud. Ici comme ailleurs, le cœur d'une mère contient des trésors de tendresse et de dévouement, mais soixante ans de misère répandent sur les sentiments humains les plus profonds une couche d'indifférence et de dureté. Je pense que la pauvre Yvonne a autant de chagrin qu'une autre femme, mais elle n'a pas le temps de s'en plaindre. Les quatre-vingts francs que lui valait son fils tous les ans avaient apporté dans sa chaumière une aisance relative qu'elle n'avait pas connue depuis la mort de son mari. Maintenant elle n'a plus rien, elle est trop vieille pour travailler; il faudra mendier ou mourir de faim. Ce sont là des considérations auxquelles une vieille femme a le droit de songer.

— Malgré tout, dit le prêtre, son indifférence est révoltante; je m'étonne qu'une mère ne songe pas quelques heures au moins à la perte de son fils sans mêler à ses tristes pensées des idées d'intérêt et des préoccupations matérielles.

— Le masque des vieillards est impassible, dans ces pays pauvres et durs :

> Ils ont le chagrin fier et la douleur muette,

a dit un de nos poètes locaux. Quant au sentiment qu'éprouve la malheureuse Yvonne en ce moment, il me semble que c'est surtout la stupeur. Elle savait bien que son fils ne vivrait pas longtemps, mais elle ne s'attendait pas à le voir « partir » maintenant ; elle m'a expliqué que depuis qu'il avait « craché tout son mauvais sang » il allait bien mieux ; que ce matin surtout, il était gai et de bonne humeur plus qu'il ne l'avait été depuis plusieurs jours ; elle prenait pour de la gaieté l'agitation de la fièvre. Je pense que le malheureux a dû être étouffé par une quinte de toux.

— Et, grâce à cette ignorance du danger, le pauvre garçon a été privé des derniers secours de la religion ! dit l'abbé.

— La vieille ne m'en a pas parlé, mais je suis sûr qu'elle en est profondément frappée ; elle aura peur la nuit désormais et elle craindra que son fils vienne la tirer par les pieds dans son lit clos ; elle passera sûrement le reste de sa vie à marmotter des prières pour les âmes du purgatoire ; voilà la consolation qu'elle tirera de sa croyance pleine de superstitions. Elle serait certainement bien plus tranquille si elle croyait comme moi que son fils est mort tout entier ; elle n'aurait que le chagrin de l'avoir perdu et d'être privée de sa pension.

— Ainsi, même en face du spectacle terrifiant de la mort, vous resterez toujours d'un incorrigible scepticisme !

— Peut-être que, bien affaibli par la maladie, je me laisserai endoctriner par un prêtre au moment où je ne pourrai plus suivre mes idées ; je sais que vous tirez gloire de ces conversions *in extremis*. Littré est devenu pour vous un appui ; on a eu beaucoup de mal à empêcher un prêtre d'approcher de Victor Hugo quand il râlait.

— Ceux qui l'en ont empêché ont commis un crime : le prêtre ne lui aurait pas fait de mal et pouvait le sauver.

— Ce serait fort bien si vous aviez seulement le désir de le sauver, dit Fabrice ; je conviens avec vous qu'un prêtre ne peut faire aucun mal à un moribond qui n'a plus sa tête à lui ; mais je trouve déplorable qu'un homme dont la vie a été tout entière occupée à combattre votre influence envahissante, soit réduit à vous servir de tremplin après sa mort parce que, profitant de son affaiblissement final, un prêtre lui a adressé certaines paroles et en a obtenu ou a cru en obtenir certains signes d'acquiescement. Pour mon compte, je prétends que ce que je pense aujourd'hui, en pleine santé physique et mentale, a plus de fondement raisonné que ce dont je pourrai me laisser convaincre quand je serai à moitié mort; ce que je pense aujourd'hui, c'est que je résulte d'un agencement de particules matérielles et que, lorsque cet agencement sera détruit, je ne serai plus.

— Malheureux! s'écria l'abbé. Je frémis en pensant à votre aveuglement volontaire; car enfin, vous êtes construit sur le même modèle que moi et je *sens* pertinemment en moi que je ne puis pas mourir complètement. Je ne puis pas m'imaginer que je ne sois pas; cela est contraire au bon sens et il est inutile d'avoir l'enseignement de l'Eglise pour en être convaincu. L'immortalité de l'âme est une chose tellement évidente que tous les peuples y ont cru, sous des formes plus ou moins nobles.

— Sauf les bouddhistes, qui croient à l'anéantissement final, interrompit M. Tacaud.

— Ils souhaitent l'anéantissement final, reprit l'abbé, à cause des tortures dont sont menacés dans leur seconde vie ceux qui n'ont pas satisfait à la loi, mais pensez-vous qu'ils puissent y croire réellement? Pensez-vous qu'un homme puisse croire qu'il disparaîtra entièrement?

— Je le crois fermement moi-même, répondit Fabrice.

— Vous vous le dites, reprit l'abbé avec animation, mais, si vous pouviez sortir un instant de l'orgueil de votre système incomplet, vous verriez bien que cette idée de l'anéantissement total heurte votre sens intime et la logique dont vous êtes si fier. Voilà à quel aveuglement volontaire vous ont conduit vingt années d'études scientifiques! Vous ne voyez plus ce qui est évident pour les hommes les plus simples et les plus ignorants!

— Vous avez beau jeu, mon cher abbé, dit tranquillement M. Tacaud, lorsque vous demandez aux hommes de croire qu'ils sont immortels; ils n'en sont peut-être pas tous aussi convaincus qu'ils le voudraient, mais c'est une idée qui les flatte et qui leur sourit; ils l'acceptent avec plaisir. Vous leur dites aussi qu'ils sont au-dessus de tous les animaux et que Dieu, être infiniment bon et aimable, les a faits, eux seuls, à son image. Tout cela n'est pas désagréable à entendre dire ; les flatteurs des empereurs romains leur affirmaient qu'ils étaient Dieux et vous trouvez que c'était là une grossière manœuvre de courtisans. Si de mon côté j'essayais de faire croire aux hommes ce que je pense, qu'ils mourront totalement le jour de leur mort, comme un chien ou un poulet, qu'ils sont des animaux comme les autres, des « cousins de singes » devenus bavards, ils accepteraient moins volontiers mes vérités que vos flatteries. D'autant moins volontiers que ce que je leur demanderais de croire exigerait de leur part un effort intellectuel beaucoup plus considérable. Comme vous le dites si bien, votre croyance est à la portée des plus ignorants; c'est un système simpliste; c'est l'œuvre d'un ignorant; elle est accessible à tous.

— Toutes vos railleries n'empêcheront pas que

je sente en moi mon immortalité, reprit le prêtre avec humeur. Je ne puis pas concevoir de plus grande absurdité que celle-ci : il y aura un moment où je ne serai plus.

— Je ne sais pas si Mousse se pose cette question dans sa cervelle de chien, mais je suis convaincu que, s'il se la pose, il arrive à la même conclusion que vous. Un être qui sent et qui pense, parce qu'il *est*, ne peut pas penser qu'il n'est pas ; vous essayez de vous figurer *vous* n'étant pas : c'est absurde, puisque votre existence est la condition indispensable pour que vous vous imaginiez quelque chose. Tant que vous parlez à la première personne, vous êtes immortel ; c'est encore là une conséquence de notre langage articulé. Du moment que vous dites *Je*, je suis, je pense, je mange, *vous êtes* ; il vous est impossible de dire une phrase commençant par *Je* et exprimant que vous n'êtes pas ou que vous pourriez ne pas être. Mais il vous est très facile de vous imaginer que mon *Je*, à moi, disparaîtra un jour.

— Pas le moins du monde, répondit l'abbé, puisque vous êtes fait comme moi ; je pense que ce qui est absurde pour moi est absurde pour vous et que vous êtes immortel comme moi.

— Cependant, vous pourriez vous imaginer la vie et le monde, moi n'étant pas, répondit M. Tacaud. Voilà, là-bas, le village de Kerviziou; vous ignorez le nombre de ses habitants; vous pouvez vous figurer qu'il y en a moins qu'il n'en existe réellement; la suppression *totale* de quelques-uns de ces êtres vivants ne présenterait donc, pour vous, aucune absurdité. Et cet excellent Mousse? Vous pouvez très bien vous imaginer qu'il disparaîtra totalement; vous en êtes même certain, il me semble, et je suis sûr que ce bon chien ne saurait pas se représenter le monde privé de sa personne.

— L'homme seul a une âme immortelle, dit le prêtre.

— Les perruches ont peut-être la même prétention, répondit Fabrice; *vous* ne pouvez pas vous représenter *vous* n'étant pas, et, de cette impossibilité si facile à comprendre, vous concluez que vous êtes immortel. Comme, d'autre part, vous constatez que je suis fait comme vous, vous m'attribuez la même immortalité, quoique vous puissiez fort bien vous imaginer ma mort totale, mais vous la refusez à Mousse, parce que, étant différent de lui, vous êtes en droit de vous attribuer l'immortalité sans la lui accorder. Je raisonne exactement à l'inverse : je constate comme vous que les chiens, les poulets, les lézards meurent totalement, en ce sens qu'après leur mort leur personnalité n'intervient plus dans les phénomènes du monde; il me semble d'autre part que les hommes meurent de la même manière que les chiens et, jusqu'à présent, je n'ai jamais observé que leur personnalité se manifeste en quoi que ce soit après leur mort; j'en conclus donc qu'ils meurent totalement comme les autres animaux et, puisque je suis homme, je crois que je mourrai totalement, quoiqu'il me soit impossible, comme je vous le disais tout à l'heure, *de m'imaginer moi n'existant pas.*

— Vous convenez donc, dit l'abbé, que votre mort vous paraît à vous-même une absurdité?

— Je sais fort bien que je mourrai, et ma mort ne me paraît pas une absurdité, mais je ne puis m'imaginer moi n'existant pas, ce qui est très différent. Je suis bien sûr que je ne dirai pas comme le Waldemar d'Edgar Poe : « Tout à l'heure je dormais et maintenant je suis mort! » « Je suis mort » est la plus grande sottise que puisse formuler notre langage, si commode cependant pour dire des sottises. *Je* est incapable d'être mort, puisque *Je* est la résultante de la vie.

Une mouette passa en criant auprès des deux amis, et continua son vol calme vers l'Ile Grande.

— Je voudrais être cette mouette, dit M. Tacaud ; elle visite de son vol puissant les mers éloignées et se rit de la tempête ; quand elle est fatiguée, elle se pose sur les flots et se laisse bercer par eux, sans souci du vent et des orages.

— Vous voilà devenu bien poétique, mon ami, dit en riant l'abbé. Je ne m'attendais pas à cette subite envolée vers le pays du rêve, après l'expression si nette de votre philosophie terre à terre, sans idéal.

— La poésie et l'art sont des bains de mensonge et de fiction dans lesquels aime à se reposer l'homme fatigué de la recherche du vrai. En souhaitant d'être cette mouette, je viens de dire une sottise, mais une sottise bien présentée peut être agréable. Souvent je me suis plu à évoquer dans mes chères landes les korrigans et les lutins auxquels ont cru nos ancêtres; un flocon de brume accroché à une touffe d'ajonc au clair de la lune ressemble à une femme vêtue de blanc, le vent l'agite, l'emporte et la disperse dans l'air et c'est fini ! Musset a fait là-dessus de fort jolis vers que je ne répète jamais sans émotion.

— Vous n'avez pas réussi, mon cher ami, dit l'abbé, à triompher, avec tous vos sophismes, de la nature vraiment humaine qui est en vous; votre âme divine s'émeut, malgré votre matérialisme grossier, de tout ce qui est grand et beau et mystérieux.

— Chaque fois en effet, répondit M. Tacaud, que mon esprit est fatigué par une tension prolongée, je me laisse aller volontiers à ces hallucinations troubles, héritage de cent générations de mysticisme et d'ignorance; je me sens alors plus semblable à Mousse quand il hurle à la lune ou aboie de terreur à la vue d'un papier agité par le vent. Mais si je me sens plus semblable à Mousse, je ne me sens pas plus près de la vérité, au contraire! Quoi que je pense de la vanité de la raison humaine, il me semble que je dois attacher plus d'importance aux déductions de mon intelligence éveillée qu'aux visions obscures dont peut être hanté mon cerveau envahi par la fatigue et le sommeil. Je me l'exprime souvent, ce souhait d'être une mouette ou un pétrel, quand, par une chaude journée, je repose à l'ombre de la falaise, à demi assoupi par la digestion. Je me sens bercé sur la vague silencieuse ou porté à travers les airs, et tout cela est exquis ; mais, dès que mon esprit sort de sa torpeur, je vois l'absurdité de mon rêve, et je me ressaisis.

— Et vous préférez la logique étroite qui vous rive au sol ! vous reniez les envolées de votre âme vers l'idéal ! vous oubliez les joies que vous avez éprouvées en vous imaginant que vous planiez dans les airs ou que vous dormiez sur les flots.

— Un peu d'illusion et de mensonge est agréable de temps en temps ; mais, malgré tout ce que vous pourrez me dire, je considérerai comme supérieure la partie de ma nature qui cherche et conçoit la vérité, plutôt que celle qui se paie paresseusement d'une absurdité élégante. *Je* ne puis pas être une mouette ; la mouette a aussi un *Je* qui résulte de sa structure de mouette comme mon *Je* résulte de ma structure d'homme. Dire que *Je* voudrais être une mouette, revient à croire que *Je* pourrais être autre chose que *Je*, et c'est absurde. Mais au fait, vous, mon ami, qui avez une âme indépendante de votre corps, une âme personnelle capable de survivre à votre guenille, vous pourriez souhaiter d'être une mouette sans être taxé de folie, puisque votre âme pourrait animer, sans renoncer à sa personnalité, un corps autre que celui de l'abbé Jozon. Je regrette vraiment de ne pas croire à une âme qui me permettrait, sans absurdité, de souhaiter d'être vous ou Mousse, ou un pétrel.

— Vous êtes fou, mon pauvre ami! dit l'abbé.

— Hélas, je sais que je ne puis devenir un pétrel qu'en étant mangé par lui, et alors, *Je* n'existerais plus, *Je* serais mort, et ma matière ne changerait pas le *Je* du pétrel, qui resterait pétrel comme par le passé. Il faut renoncer à ce rêve de savoir ce qui se passe dans un cerveau de mouette, de fourmi, ou de chien!

— Mais cependant, dit l'abbé, si vous êtes uniquement composé de matière, si vous résultez d'une certaine association de molécules, comment se fait-il que cette association de molécules ait un *Je*, ce *Je* qui semble vous préoccuper si fort? Et d'abord, la matière qui vous compose n'est pas constante; elle se renouvelle constamment, elle change!

— Je change aussi, répondit M. Tacaud; Pascal l'a lui-même constaté quand il a dit : « Le temps guérit les douleurs et les querelles, parce qu'on change, on n'est plus la même personne ». Mais *Je* pourrais ne pas changer tout en renouvelant sans cesse ma substance, si la disposition de mes parties ne changeait pas; ma personnalité dépend de l'agencement de mes molécules et de leur nature, mais on pourrait remplacer n'importe lequel de mes atomes de carbone par *un autre* atome de carbone, sans que je fusse moi-même changé en rien. La flamme d'un bec de gaz vous donne un exemple parfait de quelque chose qui résulte, sans changement personnel, d'un renouvellement matériel continu. Si le courant est bien réglé, dans un air calme, la flamme vous paraît absolument fixe; c'est toujours la même flamme, avec les mêmes propriétés, et cependant, en un millième de seconde, *toute* la matière qui la constitue a été renouvelée; ce n'est plus le même gaz d'éclairage, ce n'est plus le même oxygène; mais la flamme est la même.

— La flamme a-t-elle un *Je*? interrogea l'abbé.

— Nous ne le saurons jamais, répondit tristement Fabrice. C'est là une des lacunes que la science ne peut espérer combler; nous ne pénétrerons jamais dans la subjectivité des autres. La subjectivité de chaque être est sa propriété intangible; personne ne peut y faire d'inquisition. Vous, qui êtes doué de la parole articulée, vous pouvez me raconter ce que vous éprouvez, mais vous pouvez mentir si cela vous plaît et, d'ailleurs, même si vous me rapportez fidèlement votre impression, je ne l'éprouve pas. Notre moi est inaliénable tant qu'il existe, personne ne peut y entrer, mais nous ne pouvons non plus en sortir; il est pour nous tout l'univers.

— Et, sentant cette limitation de votre être, cette impossibilité de sortir d'une prison d'étroite dimension, vous avez l'audace de nier Dieu! dit l'abbé. C'est là un orgueil monstrueux après la constatation de votre humilité.

— Je ne nie pas Dieu, répondit M. Tacaud; je

constate seulement que le Dieu auquel vous croyez ne m'explique rien; c'est un mot, dont vous calmez votre besoin de savoir et qui a la vertu magique de vous décider à ne pas essayer de comprendre. Mais c'est un mot, comme tant d'autres, avec lequel vous représentez les illusions de votre imagination : du moment qu'une illusion a été représentée par un mot, elle prend corps, elle existe; et l'on discute ensuite indéfiniment sur des mots comme s'ils signifiaient quelque chose. J'avais bien raison de vous dire, mon cher ami, que la philosophie des hommes est une conséquence du langage articulé, un simple bavardage. Quant à taxer d'orgueil celui qui parle selon sa conscience, c'est encore là une manière de parler. Je ne trouve pas que la croyance au néant de sa propre personne puisse être considérée chez un homme comme une marque d'orgueil.

— C'est une outrecuidance excessive que de vouloir posséder seul la vérité, et de refuser d'admettre ce qui est admis par tous.

— Si, à côté de cent mille diapasons donnant le *la*, répondit Fabrice, vous mettiez un diapason donnant le *mi*, considéreriez-vous comme orgueilleux ce dernier instrument, parce qu'il refuserait de dire la même chose que ses voisins? Nous sommes tous des mécanismes différents, mais beaucoup peuvent s'accorder sur certains points, d'autres ne le peuvent pas; ils donnent le *mi* au milieu de tous les *la* infiniment plus nombreux. Est-ce leur faute s'ils ne peuvent agir que suivant leur nature? Reprochez-vous à un chien d'aboyer parce qu'il garde un troupeau de moutons qui bêlent? Chacun fait ce qu'il peut.

— Vous avez raison, mon ami, dit l'abbé : paix sur la terre aux hommes de bonne volonté. Je me garderai désormais de vous reprocher un orgueil dont vous êtes le premier à souffrir, mais je suis curieux de savoir comment votre logique vous enferme dans les ténèbres, au milieu de tant d'êtres ouverts à la lumière et à la vérité. Vous me disiez que votre *moi* dépend uniquement de votre agencement matériel.

— Tout me l'a prouvé jusqu'à ce jour, affirma M. Tacaud, et je sens par conséquent toute la fragilité de ce *moi* auquel vous attribuez bénévolement l'immortalité, parce que vous ne pouvez pas vous imaginer *vous* n'étant pas.

— Cependant, ajouta le prêtre, si, par la vertu d'une baguette magique, je pouvais construire un corps identique au vôtre, atome à atome, ce corps serait-il vous?

— Je me suis souvent posé cette question, chaque fois, justement, qu'il m'arrivait d'avoir rêvé être une mouette ou un animal quelconque. Je commence par vous dire que cette construction dont vous parlez est de toute impossibilité par les moyens de la nature : je résulte aujourd'hui de *tout* ce que j'ai fait depuis ma naissance, c'est-à-dire depuis la fécondation de l'œuf duquel je proviens, et tous les événements que j'ai traversés, et qui ont laissé leur trace en moi, m'ont fait trop complexe pour que l'on puisse songer à construire un être identique à moi. Mais je passe sur l'impossibilité et j'envisage l'hypothèse. J'admets que vous construisiez un corps identique au mien, composé d'atomes identiques juxtaposés exactement de la même manière : au moment même où il serait construit, il aurait exactement la même mentalité que moi; il aurait les mêmes souvenirs que moi, puisque mes souvenirs sont inscrits dans la structure matérielle de mon cerveau; il se souviendrait d'avoir été en Amérique il y a plusieurs années, et cependant il n'y aurait pas été; mais moi, y ai-je été? Il n'y a certainement plus en moi, dans mes parties vivantes tout au moins, un seul des atomes qui entraient dans ma composition, au moment où j'y étais, et vous auriez pu, au contraire, avec votre baguette magique, rassembler tous les atomes qui me composaient un jour en Amérique, pour en constituer mon Sosie. Et cependant ses souvenirs le tromperaient; un souvenir n'est vrai qu'autant qu'il représente exactement à notre conscience les faits qui ont déterminé dans notre cerveau l'agencement particulier duquel provient aujourd'hui ce souvenir même. Il y aurait, dans le cerveau de mon Sosie, un petit mécanisme qui proviendrait de votre coup de baguette et non d'un voyage réel en Amérique. Ce serait un souvenir faux; les rêves sont des souvenirs faux exactement au même titre.

— Vous vous écartez de la question que je vous ai posée, dit l'abbé.

— Je reviens donc à mon Sosie; il serait identique à moi au moment même où votre baguette le créerait, mais il serait différent de moi un millième de seconde après.

— Et pourquoi donc, s'il vous plaît?

— Parce que, si semblable à moi que vous l'ayez construit, vous n'auriez pas pu le placer là où je suis, à cause de cette propriété bizarre à laquelle les savants ont donné l'appellation non moins bizarre d'impénétrabilité. Or, n'étant pas là où je suis, il ne verrait pas ce que je vois, n'entendrait pas ce que j'entends et, au bout d'un instant, il serait différent de moi; ce que je ferais au moment où vous le construisez, je le ferais en vertu de ma propre structure et des conditions de milieu où je me trouve; lui, agirait également en vertu de sa propre structure et des circonstances ambiantes; il exécuterait donc autre chose que moi, puisque les circonstances seraient différentes, et cela, malgré notre identité originelle. Et ainsi de suite : nous divergerions de plus en plus, et nous n'aurions de commun, en dehors de notre ressemblance physique, que des souvenirs identiques jusqu'à un moment précis, celui de la naissance même de mon Sosie.

— Mais, encore une fois, au moment où je le

créerais par la vertu de ma baguette magique, au moment où il serait identique à vous, serait-il vous?

— Non, mon ami, il ne serait pas moi : il y aurait à un moment donné, à un moment précis et unique dans l'histoire du monde, deux hommes identiques; mais chacun d'eux aurait un moi au même titre, et cela, indépendamment de l'existence de son Sosie qu'il pourrait même ignorer toujours s'il ne le rencontrait jamais. J'ai un moi qui résulte en ce moment de l'agglomération de toutes les molécules qui me constituent, et je ne m'embarrasse pas de savoir si, parmi tous les hommes qui existent, il y en a un qui m'est aujourd'hui tout à fait identique. J'ai des raisons sérieuses de croire que cette identité est impossible, mais, si elle était réalisée, elle pourrait vous embarrasser, vous qui ne sauriez pas distinguer lequel des deux est votre ancien ami, elle n'embarrasserait ni lui ni moi; chacun de nous serait chez lui dans le domaine de sa subjectivité propre, qui résulte d'une agglomération continue de molécules. Mais, je vous le répète, cette hypothèse est irréalisable quoiqu'elle soit intéressante à envisager, justement parce qu'elle nous rend compte du peu de chose que nous sommes.

— Je vous ai amené où je voulais en venir, dit malicieusement l'abbé. Vous commencez par me dire que votre moi résulte *uniquement* d'une certaine disposition de molécules matérielles, et, si je vous propose l'hypothèse d'une autre agglomération identique à la vôtre, vous me déclarez immédiatement qu'elle n'est pas *vous*. C'est que vous sentez bien qu'il y a en vous un principe unique, une personnalité qui vous appartient en propre et qui est indépendante de cette accumulation de matière sans cesse renouvelée.

— Pas le moins du monde, s'écria vivement Fabrice. Vous pouvez imaginer cinquante agglomérations identiques à un homme vivant, à un moment précis. A ce moment précis, chacune de ces agglomérations aura un moi, et considérera les quarante-neuf autres comme des étrangères, malgré leur similitude absolue. Les quarante-neuf autres auront d'ailleurs exactement le même moi : ce moi résulte uniquement de la disposition des molécules matérielles qui constituent chaque agglomération, mais, pour être identique dans les cinquante individus considérés, il est néanmoins propre à chacun d'eux.

— Tout cela est bien difficile à comprendre, dit l'abbé.

— C'est difficile à comprendre à cause de notre langage individualiste ; je vais vous le montrer aisément en me plaçant dans une hypothèse nouvelle. Savez-vous ce qu'est une syncope ?

— J'en ai malheureusement eu beaucoup depuis quelques années, répondit le prêtre ; je connais cette impression, éminemment désagréable, de *s'en aller* comme si tout était fini.

— La syncope, reprit M. Tacaud, est identique à la mort ; c'est une mort qui n'est pas définitive, mais c'est une mort.

— La mort ne saurait ne pas être définitive, dit sentencieusement l'abbé Jozon. La mort est la séparation de l'âme et du corps.

— Il est certain que si votre définition était bonne, on ne pourrait considérer la syncope comme une mort momentanée ; cependant, Théophile Gautier, dans un conte fantaisiste intitulé « Avatar », a prêté à un savant le pouvoir de faire momentanément sortir l'âme du corps, mais en la conservant à portée de la main, dans une certaine sphère d'attraction, de manière à lui faire réintégrer son domicile quelques instants après ; c'est là une pure fantaisie, un conte à dormir debout, et vous en convenez vous-même, j'en suis sûr.

— La séparation de l'âme avec le corps est définitive, répondit l'abbé ; Dieu seul peut opérer un miracle et rendre la vie à celui qui l'a perdue ; Notre-Seigneur a ressuscité Lazare, et cela prouve sa divinité.

— Je crains, mon cher ami, que cette affirmation ne vous conduise à renoncer à votre théorie de l'âme animant le corps, car enfin, il est bien certain aujourd'hui que les chirurgiens peuvent, dans certains cas, pratiquer des opérations qui guérissent de la mort.

— Vous allez recommencer à dire des folies, dit le prêtre en souriant.

— Je parle sérieusement, dit Fabrice. L'opération dont je vous parle a été pratiquée récemment, et plusieurs fois avec succès. Il s'agissait d'individus qui, avec un corps absolument sain d'ailleurs, étaient morts, par suite d'une obstruction mécanique de la circulation. Ils étaient morts, donc le cœur ne battait plus, le poumon ne respirait plus, le cerveau ne pensait plus; leur corps était voué à la décomposition qui suit la mort. Des chirurgiens ont eu l'idée de ne pas attendre que cette décomposition eût atteint des viscères importants et, par une large intervention, ont rétabli la circulation arrêtée; toutes les fonctions de la vie ont réapparu et les morts ont revécu.

— C'est donc qu'ils n'étaient pas morts, affirma le prêtre. La mort a pour caractère absolu d'être définitive; la léthargie est un état qui simule la mort; vos patients étaient en léthargie, vos chirurgiens les croyaient morts, mais ont prouvé eux-mêmes qu'ils se trompaient, en ramenant à la vie de prétendus cadavres.

— Je m'attendais à cette réponse, dit M. Tacaud; si vous admettez cette définition que la mort est la fin de la vie, il est bien certain que tout mort revenant à la vie devra être taxé d'absurdité; on ne peut pas recommencer ce qui est fini. Mais enfin, qu'est-ce que la vie?

— On ne définit pas la vie, dit l'abbé; Claude Bernard l'a démontré victorieusement.

— Je vous ai déjà répondu, mon cher ami, au

sujet de l'argument d'autorité; vous savez que mon orgueil m'y rend insensible; mais si l'on ne définit pas la vie, du moins la reconnaît-on à quelque chose d'apparent, et vous ne nierez pas que chez tout homme vivant il y a un renouvellement constant du milieu intérieur; ce renouvellement a lieu d'une part par l'introduction d'éléments nouveaux, oxygène de la respiration, aliments absorbés à travers la paroi du tube digestif, d'autre part par l'excrétion d'éléments nuisibles, fonction dont s'acquittent les reins et les autres glandes. La circulation, d'autre part, brasse sans cesse ce milieu intérieur que nous appelons le sang et la lymphe, et le résultat de tout cela est que les éléments de notre corps ne se détruisent pas, parce qu'ils baignent sans cesse dans un milieu qui leur est convenable. Pour moi c'est cet ensemble de phénomènes qui est la vie; mais, puisque vous ne voulez pas que l'on puisse définir la vie, je vous dirai seulement que c'est à ce renouvellement du milieu intérieur que nous la reconnaissons; c'est quand il n'a plus lieu, quand le cœur ne bat plus, quand les poumons ne respirent plus, que nous déclarons la mort réalisée. Et c'est pour cela que la syncope est une mort momentanée. Si le mécanisme n'a cessé de fonctionner que sous l'influence d'une cause passagère, il recommence ses mouvements rythmiques dès que cette cause a disparu; le mort revient à la vie; si c'est vous qui êtes intervenu de manière à faire cesser cette cause passagère d'arrêt, vous avez guéri la mort.

— Cela prouve, dit l'abbé, que vous avez donné de la vie une définition incomplète, puisque votre définition ne cadre pas avec cette croyance commune à tous les hommes que la mort termine la vie une fois pour toutes.

— Et de ce qu'une croyance est commune à tous, vous concluez qu'elle a une valeur absolue! Si je n'accepte pas l'argument d'autorité, j'accepte encore moins celui que l'on peut tirer de la sagesse de la foule. Notre langage, qui est rempli d'erreurs, puisque nous le tenons des ignorants qu'étaient nos ancêtres, possède deux mots : vie et mort, qui sont l'antithèse l'un de l'autre. Le plus souvent, la mort succède définitivement à la vie et le vulgaire croit que cela est la règle; et cela suffit pour que vous me taxiez de folie parce que je prétends que la syncope a *tous* les caractères de la mort et que la mort est quelquefois curable!

— La mort est la séparation de l'âme et du corps, répéta l'abbé imperturbable; elle n'a lieu qu'une fois et est définitive; une syncope n'est pas la mort, puisqu'elle est momentanée.

— Amen, dit M. Tacaud. Aussi bien, j'ai eu tort de m'écarter de mon sujet et d'avoir avec vous cette discussion à laquelle vos définitions *a priori* ne vous permettent pas de prendre part. Je vous demandais tout à l'heure si vous connaissiez la syncope; je ne vous répéterai pas que c'est une mort momentanée; mais vous admettrez avec moi que c'est un état dans lequel le cœur ne bat plus, le poumon ne respire plus, le cerveau ne pense plus; la personnalité est abolie, et c'est tout ce qu'il me faut pour mon raisonnement.

— Voyons donc ce raisonnement, dit l'abbé.

— Puisque vous avez eu des syncopes, commença Fabrice, c'est donc vous et non moi que je vais prendre désormais pour sujet, d'autant plus que cela me facilitera beaucoup le langage. Je suppose que vous ayez une syncope, ce qui n'est pas d'après vous une mort momentanée, mais qui, vous l'avez constaté vous-même, entraîne une abolition momentanée de la personnalité consciente. Pendant que vous êtes en syncope, je construis, par la vertu de ma baguette magique, un être identique à vous; il est également en syncope, puisqu'il vous est identique. Je le place à côté de vous et j'attends que la syncope cesse; elle cessera pour les deux Jozon en même temps, et alors je verrai deux Jozon identiques et qui probablement me diront la même chose en naissant. Ici vous êtes dans notre cas de tout à l'heure : lequel sera vous?

— Je serai moi, à n'en pas douter, répondit l'abbé, et ce que vous appelez mon Sosie ne sera qu'un misérable mécanisme sans âme et sans pensée.

— Vous oubliez nos conventions, mon cher ami, dit M. Tacaud; c'est vous-même qui, tout à l'heure, pour me prouver l'absurdité du *moi* uniquement matériel, avez bien voulu vous placer dans mon hypothèse et admettre momentanément que l'homme n'est que poussière agglomérée; pour que je puisse défendre mon système, il faut que vous continuiez un instant à l'accepter; peut-être m'en montrerez-vous l'invraisemblance.

— Soit, acquiesça le prêtre.

— Je suppose donc, reprit M. Tacaud, que j'aie construit votre Sosie pendant votre syncope, et qu'après l'avoir construit, je rende votre mort définitive, en vous coupant le cou, par exemple; puis je mettrai votre Sosie exactement à la place que vous occupiez et j'attendrai qu'il sorte de sa syncope. Le véritable abbé Jozon n'existera plus, puisque je lui aurai coupé le cou, mais devant moi naîtra un nouvel individu identique à vous; cet individu se croira l'abbé Jozon et continuera même avec moi la conversation commencée avant la syncope. Tout autre que moi, absent pendant que je vous aurai tué, considérera ce faux Jozon comme étant vous. Le faux Jozon se croira d'ailleurs vous avec la plus entière bonne foi. Sera-t-il vous? *Vous sentirez-vous* dans cette nouvelle enveloppe?

— Non seulement vous allez devenir fou, si vous continuez, dit l'abbé, mais je crois que vous allez me rendre fou, moi aussi, avec vos hypothèses saugrenues et vos questions extraordinaires.

Comment voulez-vous que je me sente moi, dans ce nouveau corps? Je sais très bien que je ne puis pas me sentir moi en dehors de moi, et vous savez vous-même aussi que, si vous ne m'aviez pas tué, je me serais senti moi dans mon corps véritable; il est donc impossible que je me sente moi dans mon Sosie.

— Et cependant ce Sosie, dit Fabrice, aura un moi identique au vôtre et se croira vous; il ignorera votre mort que moi seul au monde connaîtrai, et l'abbé Jozon continuera de vivre à travers le monde, sans se douter que je l'ai tué et que j'ai changé son corps.

— Si vous avez voulu me démontrer vous-même l'absurdité de votre système matérialiste, reprit l'abbé, votre exemple est bien choisi et vous avez réussi; j'avoue que je n'aurais pas trouvé mieux moi-même; je commence à croire que vous vous moquez de moi, que vous me faites marcher, comme on dit aujourd'hui, et que vous êtes aussi convaincu que moi de l'existence de votre âme immortelle.

— Je veux au contraire, répondit M. Tacaud, vous montrer que votre théorie animiste n'est qu'une conséquence d'un langage fautif. Il vous est aussi impossible de vous imaginer une interruption dans l'existence de votre *moi*, qu'il vous est impossible de vous imaginer sa suppression définitive par la mort. Dire « pendant que j'étais en syncope » est une aussi grande absurdité que le « je suis mort » d'Edgar Poe. *Je* est incapable d'être en syncope, puisque, pendant la syncope, il n'y a plus de *Je*; en employant le mot *Je*, auquel vous attribuez malgré vous une existence continue et définitive, vous ne pouvez pas raconter, ni par suite vous imaginer, un phénomène dans lequel votre *Je* serait précisément interrompu. Il est impossible, quand on parle à la première personne, de ne pas croire à l'immortalité et à la continuité du moi.

— Mais enfin, dit l'abbé impatienté, quand je sors de ma syncope, je sens bien que je suis moi; il n'y a pas à ergoter là-dessus; je sens que je suis moi dans mon corps véritable.

— Cependant, dit Fabrice en riant, si, pendant votre syncope, j'avais placé votre Sosie à côté de vous et si j'étais parti, de telle manière que personne au monde ne sût plus quel était le vrai

Jozon, des phénomènes identiques se seraient passés dans les deux corps identiques et chacun d'eux, en naissant, aurait cru être le vrai Jozon; voyez-vous une raison pour que vous vous sentiez vous plutôt dans l'un que dans l'autre?

— Évidemment, dit l'abbé; je me serais senti moi dans mon propre moi, et j'aurais considéré l'autre comme un étranger.

— Mais l'autre aussi se serait senti l'abbé Jozon et vous aurait considéré comme un étranger, dit M. Tacaud.

— Oui, mais il n'aurait pas été *moi*, reprit le prêtre.

— Vous n'en sortirez pas, reprit Fabrice, riant toujours; vous vous acharnez à considérer que votre *moi* se continuait pendant votre syncope, quoiqu'il soit évident qu'il n'existait plus. Le moi est la résultante de la vie d'un corps; il disparaît quand ce corps ne vit plus; il reparaît si le corps recommence à vivre, et c'est pour cela qu'il faut dire « naître » ou au moins « renaître » après une syncope et non « s'éveiller », comme on dit à tort le plus souvent, car la personnalité est modifiée et non abolie dans le sommeil; il y a de grands changements dans les positions relatives des éléments du cerveau, mais la vie continue pendant qu'on dort; il n'y a pas d'interruption.

— Avez-vous jamais eu une syncope? demanda brusquement l'abbé.

— Jamais, répondit M. Tacaud.

— Eh bien, moi qui en ai eu, dit l'abbé avec vivacité, je vous affirme que je me sentais bien moi-même en renaissant à la vie; je retrouvais mes souvenirs, mes pensées, ma mentalité tout entière; vous ne pouvez pas vous imaginer cela puisque vous n'en n'avez pas eu.

— Je me l'imagine très bien, reprit tranquillement Fabrice, puisque je pense que vos souvenirs, vos pensées, votre mentalité, sont les résultantes de votre état corporel; si donc la syncope n'a pas été assez prolongée pour que des désordres graves se soient produits dans votre cerveau, toutes ces particularités de votre moi doivent se reproduire identiques à elles-mêmes, dès que le sang recommence à circuler et à apporter aux éléments nerveux les substances bienfaisantes qu'il tient de la nutrition et de la respiration. C'est justement pour vous faire comprendre exactement ce que je voulais dire en parlant de la nature matérielle du moi, que j'ai accepté avec plaisir l'hypothèse du Sosie que vous m'avez suggérée. Je laisserai de côté désormais cet individu théorique, désagréable et gênant.

— J'avoue qu'il commençait à m'agacer singulièrement, dit l'abbé.

— Qu'il retourne donc d'où il est venu, dit M. Tacaud, mais ne croyez pas que vous échapperez pour cela à ma démonstration. Vous qui avez eu des syncopes, vous savez maintenant que votre personnalité est discontinue, quoique vous ne puissiez pas vous l'imaginer, pas plus que vous ne pouvez vous imaginer être mort, n'être plus. Je vais plus loin et je prétends que votre personnalité est actuelle et extemporanée; ce que vous appelez votre vie est une série de vies momentanées successives, analogues aux images d'un cinématographe; je parle naturellement de votre vie subjective, de celle que vous sentez, que vous vivez vous-même. Lorsque l'on fait fonctionner le cinématographe, si les tableaux se succèdent assez vite on a l'illusion de la continuité, et cependant, entre deux tableaux voisins, il y a une période de vide, une syncope. De même chez nous : nous sommes une série de vies momentanées successives séparées par des syncopes identiques à celles du cinématographe, mais beaucoup plus courtes, comme les tableaux qu'elles séparent. Notre moi est sans cesse variable, vous me l'avez fait remarquer vous-même : nous sommes à chaque instant, mais l'instant d'après nous sommes un autre; c'est comme si, de chaque syncope, nous renaissions dans un Sosie un peu différent. La série des Sosies paraît continue, mais il n'y en a jamais qu'un de vivant, l'actuel: tous les autres sont morts; nous passons notre vie à mourir.

— Voilà que vous retombez dans vos folies, dit l'abbé.

— Je n'ai jamais été plus raisonnable, reprit Fabrice. Je me souviens d'un abbé Jozon et d'un Fabrice Tacaud jeunes et vigoureux; où sont-ils ceux qui se promenaient naguère dans les campagnes fleuries au bord de la Marne? Ils sont morts; ils ne sont plus; et quand ont-ils cessé d'être? A chaque instant, en se transformant dans un autre Jozon et un autre Tacaud, et ainsi de suite, jusqu'à présent où nous les retrouvons vieillis et philosophant en face de la mer bretonne, et ils continueront de mourir et de renaître jusqu'à la syncope définitive, qui n'est pas, subjectivement, plus importante que les autres.

— Vous m'effrayez, mon ami, dit le prêtre. Mais comment se fait-il que de tout ce passé qui est mort, je me souvienne moi, Jozon, à chaque instant de mon existence éphémère?

— Parce que, justement, chaque transformation que nous subissons s'enregistre dans notre organisme par une petite modification qui la représente, et se traduit, tant qu'elle existe, par le souvenir de la transformation même qui l'a produite; mais ces petites modifications peuvent disparaître au cours de nos variations ultérieures, et c'est pour cela que nous oublions. Supposez que cela ne se passe pas ainsi, la mémoire n'existerait pas, c'est-à-dire que nous n'aurions plus aucun lien pour unir nos personnalités successives; nous serions en dehors du temps, ou plutôt, le temps n'existerait plus, car c'est nous qui le créons avec notre mémoire. Notre subjectivité nous représenterait à chaque instant un tableau unique et immobile de cinématographe, mais le cinématographe n'existerait plus, ne ferait plus de synthèse.

— Tout cela est horriblement profond, mon pauvre ami, reprit l'abbé Jozon, mais c'est tellement compliqué que je n'ai pas peur de voir votre matérialisme battre en brèche le dogme enseigné par l'Église; personne ne vous comprendra.

— Personne ne vous comprend non plus, reprit vivement M. Tacaud, puisque, à toutes les questions, vous répondez : « mystère! » Je voudrais bien connaître la théorie dogmatique de la syncope. Du reste, ceux qui acceptent votre dogme ne tiennent pas à comprendre, *ils croient,* et cela leur suffit, car ils ne savent pas et ne se demandent pas ce que cela veut dire; c'est un mot qui les satisfait. Je suis convaincu que la foule continuera à se payer longtemps de vos mots vides de sens, mais les penseurs s'y refuseront; ils s'y refusent déjà.

— Où sont donc les notables penseurs qui acceptent votre système? dit l'abbé.

— Il en viendra; patience! répondit Fabrice; ce n'est pas en nourrissant les enfants avec des mots qu'on forme des cerveaux capables d'aborder librement les grands problèmes de la nature; tant que vous conserverez le droit de déformer systématiquement la mentalité des jeunes générations, il n'y aura que de rares exceptions qui éviteront votre empreinte; vous assujétissez le monde avec votre catéchisme; vous condamnez les enfants aux ténèbres à perpétuité.

— Nous leur ouvrons des horizons infinis, répondit l'abbé, et nous les préparons à goûter les joies de la vie éternelle.

— Au fond, cela n'a pas grande importance, dit M. Tacaud; il me semble cependant qu'il n'est pas désagréable d'y voir clair pendant sa vie; mais il est peut-être agréable aussi de ne rien comprendre et de ne se poser aucune question : *Beati qui non viderunt et firmiter crediderunt!* Voilà le dernier mot du bonheur : avoir une raison et ne pas s'en servir! Et cependant la pauvre vieille Yvonne va avoir peur de son fils mort, parce qu'il n'a pas vu le prêtre. Il peut être dangereux de croire des sottises!

L'abbé haussa les épaules, et ils continuèrent silencieusement leur promenade.

V

MATIÈRE ET PENSÉE

— Votre Sosie d'hier m'a donné le cauchemar, dit l'abbé Jozon à son ami au moment où ils se retrouvèrent le lendemain; je vous voyais à la fois mort et vivant, comme le Jean du *Voyage où il vous plaira*; vous me disiez que vous étiez mort, mais que vous étiez revenu tout exprès à la vie pour m'annoncer que décidément nous n'avons pas d'âme; votre cadavre, étendu à côté de vous, faisait des efforts visibles pour parler, et vous affirmiez qu'il voulait seulement appuyer votre dire de son autorité de mort. C'était tellement effrayant que je me suis éveillé couvert d'une sueur glacée et que je n'ai pu me rendormir.

— Je suis désolé, répondit M. Tacaud, de vous avoir fait passer un moment si désagréable; je ne vous ai pourtant dit hier que des choses fort raisonnables; peut-être avez-vous été impressionné et troublé par la logique de mes raisonnements si contraires à votre croyance?

— *Impavidum ferient ruinæ!* dit l'abbé en se frappant la poitrine. Vous vous imaginez, dans votre orgueil, que vos sophismes spécieux peuvent atteindre la foi d'un vrai croyant à travers la triple armure d'airain que lui fournit la Grâce divine. Je me suis au contraire aperçu, en pensant, dans mon insomnie, à votre malheureux égarement, qu'il y a un point sur lequel vous ne vous êtes pas expliqué et qui va faire sombrer tout votre système. Comment votre individu formé de matière a-t-il une subjectivité? Votre cerveau, me direz-vous, sécrète la pensée comme votre foie sécrète la bile; mais je vous arrêterai immédiatement en vous faisant remarquer que la pensée est précisément aussi différente de la bile, que l'âme est différente du corps; la pensée est immatérielle, et vos phénomènes de sécrétion sont des phénomènes grossiers comme tous ceux auxquels vous voulez ramener l'essence même de la Vie.

— Vous êtes vraiment bien généreux, répondit gaiement M. Tacaud, en me prêtant cette vieille absurdité de la pensée sécrétée par le cerveau; vous ne croyez pas, sans doute, que la logique et l'étude puissent entourer le chercheur d'une cuirasse assez résistante, puisque vous vous imaginez découvrir en quelques minutes, dans ma croyance scientifique, une énormité qui m'aurait échappé depuis vingt ans. Mais quand vous affirmez que la pensée est immatérielle, êtes-vous sûr de ce que vous dites? ou plutôt, comprenez-vous ce que vous dites? Il y a des mots séduisants et dont il est bon de se défier quelque peu. Avez-vous vu quelquefois une âme agir sans être associée à un corps?

— Je n'ai pas vu ce qui est invisible, répondit l'abbé; mais j'ai vu l'homme et son cadavre, et j'ai compris que l'âme animait le premier et manquait au second. Le cadavre est-il plus léger que l'homme? Non, n'est-ce pas? C'est donc que l'âme qui vivifie est immatérielle. Le bon sens le plus élémentaire le prouve.

— Une locomotive qui a ses cylindres déchirés est-elle plus légère qu'une locomotive normale? dit Fabrice. Non, n'est-ce pas? et cependant la première est inerte, la seconde a une puissance formidable. Direz-vous que la locomotive a une âme immatérielle? Vous avez fait involontairement un raisonnement vicieux, car vous savez bien que la mort résulte toujours d'une lésion matérielle de l'organisme humain; et quand on vous annonce qu'un de vos amis est mort, vous ne manquez jamais de demander vous-même : « De quoi est-il mort? » c'est-à-dire : quelle est la lésion par laquelle son cadavre diffère de ce qu'il était quand il vivait? Vous savez donc, parfaitement, que le cadavre diffère toujours du vivant par sa constitution matérielle. Oh! si l'on mourait sans lésion, ce serait autre chose! Mais que penser de ce principe immatériel qu'un coup d'épée met en fuite?

— Je vous ai déjà dit, reprit l'abbé, que l'âme ne peut actionner le corps s'il n'est sain, de même que le mécanicien ne peut actionner la locomotive si elle est brisée; votre coup d'épée fait sortir du corps le sang nécessaire à son bon fonctionnement, de même qu'en crevant la chaudière d'une locomotive vous la privez de l'eau dont la vapeur est utilisée par le mécanicien.

— Mais, dit M. Tacaud, le mécanicien se manifeste à nous en dehors de son action sur la locomotive, indépendamment de la locomotive ; c'est pourquoi je crois au mécanicien. Si une machine est brisée, le mécanicien peut en diriger une autre ; au contraire, quand vous êtes mort, votre âme ne se manifeste pas à moi le moins du monde et n'anime jamais un autre corps. Si je voyais une locomotive fonctionner sans mécanicien, je croirais qu'elle marche seule ; de même, je vois votre corps vivre sans le secours d'un mécanicien, et je crois qu'il marche seul.

— Et qui a fait la locomotive, qui a fait le corps ? dit l'abbé.

— Vous sortez de la question, reprit Fabrice ; nous ne pouvons parler de tout à la fois ; nous étudierons ensuite l'origine de la vie. Je vous disais donc que votre croyance à l'âme, fondée sur l'identité apparente du cadavre et de l'homme, résulte d'une erreur certaine, puisque vous savez bien que cette identité n'est qu'apparente. Il est bien probable, d'ailleurs, que c'est cette même croyance à l'identité matérielle du mort et du vivant, qui a fait naître la théorie animiste chez nos ancêtres ignorants. Pour moi qui n'ai jamais vu une âme agir sans corps, qui n'ai jamais vu un corps mourir sans une modification appréciable, sans une destruction de mécanisme, je crois que la vie résulte de la structure matérielle du corps et, comme la pensée est inhérente à la vie, je me dis que la pensée résulte du fonctionnement du corps vivant. Une lésion matérielle arrête la pensée, donc la pensée ne doit pas avoir une essence différente de la matière. Bien plus, nous avons des poisons de la pensée : l'alcool agit sur notre subjectivité et la modifie complètement ; je ne vois pas comment un principe immatériel pourrait être modifié par une substance chimique ; un phénomène que modifie un agent chimique est d'ordre chimique.

— L'âme est la forme substantielle du corps, dit l'abbé ; ce qui modifie le corps ne peut pas ne pas retentir sur l'âme.

— Il faut que vous soyez bien acculé dans vos retranchements, s'écria vivement M. Tacaud, pour en être réduit à vous défendre au moyen de ces admirables définitions ; je croyais que vous réserviez ces mots-là pour vos conversations entre augures et pour vos joutes scolastiques. Vous n'avez pas songé un instant que vous pourriez m'en imposer avec votre *forme substantielle*, je suis sûr ! L'âme à laquelle vous croyez n'a pas de forme et n'est pas composée de substance, aussi vous empressez-vous de la baptiser « forme substantielle ». Bien fins seront ensuite ceux qui vous suivront dans vos argumentations et qui oseront discuter avec vous.

— Substance n'est pas matière, dit l'abbé avec mépris. Dieu est la substance par excellence et il n'est pas matière ; mais la substance régit et gouverne la matière.

— Et comment une forme peut-elle être substantielle ? interrompit M. Tacaud. Forme est un mot qui a un sens, ou du moins qui en avait un autrefois.

— Vous voulez vous faire plus ignorant que vous ne l'êtes, reprit l'abbé. Lisez un livre de théologie et vous y trouverez des définitions admirables de clarté ; vous vous moquez de moi encore une fois en ayant l'air de ne pas comprendre.

— Je vous assure, mon cher ami, dit Fabrice, que je ne me moque pas de vous et que, en toute sincérité, les mots que vous employez me paraissent dénués de sens. Cela tient probablement à ce que je ne les ai pas appris assez jeune; il vient un âge où l'on n'accepte plus aussi facilement de se payer de mots; mais j'admire la discipline des séminaires dans lesquels on arrive, quelle que soit d'ailleurs votre intelligence primitive, à vous couler tous dans le même moule et à vous farcir la tête d'expressions auxquelles vous parvenez à trouver plus tard un sens en vous torturant la cervelle. Je suis sûr que vous considérez avec mépris tous ceux qui s'arrachent les cheveux de désespoir en essayant de comprendre vos arguties.

— Il ne faut mépriser personne, dit sentencieusement l'abbé; si nous avons la lumière par grâce divine, nous devons essayer de la faire luire aux yeux de ceux qui sont dans les ténèbres.

— J'ai passé l'âge! répondit M. Tacaud en levant les mains avec désespoir. Je ne suis plus assez souple pour arriver à voir clair! Je mourrai dans l'obscurité définitive! J'ai cru devenir fou en lisant, dans un livre de théologie, l'histoire de la *présence réelle.* L'hostie consacrée par le prêtre n'est plus du pain azyme, mais le corps de Jésus-Christ; et cependant, si un chimiste analysait cette hostie, il y trouverait de l'amidon comme avant la consécration. Apparence que tout cela! L'hostie a les apparences du pain azyme, mais sa substance est le corps de Jésus-Christ; et quand les apparences sont digérées par le fidèle, le corps de Jésus-Christ est remis en liberté; jusque-là, il habite l'intestin du pauvre pécheur! Le vin consacré a les apparences du vin, mais la substance du sang de Jésus-Christ; un prêtre qui ne boirait que de l'eau en dehors de sa messe pourrait affirmer qu'il n'a jamais bu de vin, est-ce bien cela?

— C'est cela en effet, dit l'abbé, mais le prêtre boit aussi le liquide de ses ablutions qui contient du vin.

— O ma tête, ma pauvre tête! s'écria M. Tacaud. Celui qui a inventé tout cela était tout de même vraiment fort, ajouta-t-il; le dogme de l'Eucharistie est à l'abri des incursions des savants; les chimistes ne sauraient aller plus loin que les apparences, et ils ne pourront jamais démontrer que la substance de l'hostie n'est pas le corps de Jésus-Christ.

— Il y a un abîme entre la science et la foi, dit simplement l'abbé, mais je serais curieux que vous m'expliquiez néanmoins la façon dont vous comprenez que la pensée sorte de la matière ; nous nous sommes éloignés de notre conversation primitive.

— J'aurai de la peine à y revenir, soupira Fabrice. Chaque fois que je me hasarde dans le maquis de la scolastique, il me semble que ma tête éclate, surtout quand je pense qu'il suffit d'avoir passé, assez jeune, cinq ans dans un séminaire, pour trouver tout cela lumineusement clair. Pauvre cervelle humaine si fière de ta raison ! qu'il faut peu de chose pour te faire dévier à jamais !

» Je vous disais donc, continua-t-il sur un ton moins déclamatoire, que tous les phénomènes de la vie me paraissent explicables par la physique et la chimie. Oh ! l'explication n'est pas à la portée du premier ignorant venu ; c'est évident. La biologie est la plus difficile des sciences ; elle a besoin de toutes les autres sciences ; mais chacun se croit le droit d'avoir un avis sur la question de la vie. Vous-même n'admettez pas qu'on se désintéresse en matière de religion; il est vrai que vous ne demandez pas à chacun d'avoir un avis, mais d'accepter le vôtre, même s'il heurte sa raison; et quant aux malheureux qui, à force de travail, essaient de comprendre par eux-mêmes, anathèmes soient-ils, les orgueilleux qui se plongent volontairement dans l'obscurité!

» Je crois que vous n'êtes que matière, mon ami; je crois que je suis fait comme vous, et que, par conséquent, je ne suis que matière; or je pense et je sens!

— Nous y voilà, dit triomphalement l'abbé. Et comment un être qui n'est que matière peut-il penser et sentir?

— Je suis un homme, continua M. Tacaud; je suis formé de plusieurs trillions de cellules dont chacune est elle-même formée d'autant de molécules de carbone, d'azote, d'oxygène, d'hydrogène, et cætera. Quelque compliqué que je sois par rapport à un atome, je sais donc qu'il y a, dans les atomes d'un certain nombre de corps simples, *tous* les éléments de ma structure; voilà au point de vue objectif; si vous m'étudiez chimiquement, vous ne trouveriez en moi que des atomes; je suis donc bien fondé à croire que tout ce qui se passe en moi résulte uniquement de l'activité des atomes; or, je pense et je sens, donc je dois logiquement admettre qu'il existe dans les atomes les éléments de ma pensée et de ma sensibilité.

— Et voilà l'absurdité à laquelle vous êtes forcé d'aboutir, dit l'abbé avec pitié; et tout cela parce que vous voulez, en dépit de l'évidence, nier votre âme immortelle : les atomes pensent! le carbone a du génie!

— Je vous ferai remarquer, reprit tranquillement Fabrice, que vous me prêtez gratuitement l'absurdité dont vous venez de tirer victoire. Je ne vous ai pas dit que les atomes pensent; au contraire, je suis convaincu qu'ils ne pensent pas. Je vous ai dit qu'il doit exister, dans les atomes, *les éléments* de ma pensée, ce qui est tout différent.

— Je ne vois pas la différence, dit l'abbé.

— Je vais donc essayer de vous la faire comprendre. J'ai commencé, avec intention, par vous rappeler que, au point de vue objectif, le seul où vous puissiez vous placer pour étudier un individu autre que vous-même, je suis uniquement composé de carbone, d'oxygène, et cætera. Ceci, vous ne sauriez le nier; vous l'auriez peut-être nié avant Lavoisier; aujourd'hui, il faut y renoncer. Or, toujours au point de vue objectif, je me comporte comme un homme, c'est-à-dire que je marche, je mange, je parle, je respire, alors que les atomes dont je suis formé ne font absolument rien de tout cela. Je suis la synthèse de plusieurs trillions de trillions d'atomes, et je sais fort bien qu'aucun de ces atomes n'est un homme. Mes mouvements les plus simples résultent de l'activité de plusieurs milliards d'atomes, et vous le constatez sans songer à me dire que, pour que cela soit, il faut que les atomes marchent, mangent, parlent, comme moi-même je marche, je mange, je parle. Une locomotive est composée d'acier, d'eau et de charbon, et vous savez bien qu'il ne faut pas se figurer une locomotive dans toute molécule d'acier, d'eau et de charbon; la locomotive est une synthèse, comme moi-même. L'activité objective des atomes est infiniment simple par rapport à celle d'un homme qui est formé de plusieurs trillions de trillions d'atomes; de même il faut se dire que l'activité subjective du carbone est infiniment simple par rapport à celle d'un homme, à la pensée en un mot; et, de même que vous ne diriez pas qu'un atome de carbone mange, marche et parle, de même vous ne devez pas dire qu'il pense, parce que je prétends que *les éléments* de ma pensée doivent exister dans les atomes qui me constituent. Ma pensée est une synthèse, de même que mon activité corporelle est aussi compliquée par rapport à ses éléments que l'est mon corps par rapport aux atomes. Et, comme je n'ai jamais rien observé en moi qui fût en dehors des lois de la physique et de la chimie, le simple bon sens, auquel vous faites si souvent appel, m'oblige à admettre, dans les atomes, l'existence des éléments de ma subjectivité, autrement dit, à penser qu'il n'y a, à aucun point de vue, de différence *essentielle* entre les atomes et moi, synthèse d'atomes.

— Je suis admirablement votre raisonnement, dit l'abbé, et je trouve que vous êtes, en effet, parfaitement logique avec vous-même en admettant l'existence, dans la matière brute, des éléments de votre pensée, puisque vous croyez n'être vous-même que matière brute ; mais je vous ferai humblement remarquer que vous vous exposez, en agissant ainsi, au reproche que vous me faisiez tout à l'heure : vous vous réfugiez dans une tour d'ivoire aussi inaccessible que les vérités supérieures du Dogme. Qui pourra jamais pénétrer dans la subjectivité d'un atome et la vérifier ?

— C'est là certainement une hypothèse dont la vérification *directe* est impossible, répondit M. Tacaud, mais je vous ferai remarquer à mon tour que je me sers de cette hypothèse, *uniquement* pour expliquer l'existence de ma subjectivité. Je n'ai aucunement à la faire intervenir pour l'interprétation de tous les phénomènes objectifs de la vie, et c'est ici que l'expérimentation et l'observation me permettent de défendre mon système contre le vôtre. Car vous pensez, vous, que votre âme immatérielle anime et dirige votre corps ; je prétends, moi, au contraire, que mon corps obéit passivement à toutes les nécessités de la physique et de la chimie, que tous les atomes qui me constituent suivent rigoureusement les mêmes lois que les atomes similaires qui ne font pas, en ce moment, partie d'un corps vivant. Et ceci est accessible à l'expérience et à l'observation.

— En un mot, dit l'abbé, vous admettez que les atomes ont une subjectivité, mais une subjectivité qui ne leur sert à rien, tandis que la mienne me sert à quelque chose.

— Ce n'est pas tout à fait ce que je dis, répondit Fabrice. Je ne prétends pas que ma subjectivité ne me sert à rien, puisqu'elle me fait connaître les joies et les douleurs, mais j'affirme qu'elle ne sert qu'à moi, et j'en dis autant de celle des atomes. En d'autres termes, ma subjectivité est le reflet intérieur de mon objectivité et n'influe aucunement sur la manière dont se comporte mon corps dans le temps et dans l'espace; je n'aurais pas de subjectivité que je vous paraîtrais identique au Tacaud que vous connaissez. Les atomes ont des propriétés objectives que nous pouvons étudier : ce sont les propriétés physiques et chimiques; nous savons que ces propriétés sont constantes pour une espèce atomique donnée; mais nous n'avons aucunement le droit de leur refuser d'autres propriétés subjectives dont le caractère serait précisément de ne pas se manifester au dehors, de ne pas influencer les mouvements et les transformations de leurs propriétaires. Maudsley, et Huxley après lui, ont qualifié d'*épiphénomènes* ces reflets intérieurs des phénomènes objectifs, reflets impuissants à modifier les phénomènes qu'ils accompagnent toujours.

— Ainsi donc, dit l'abbé, je suis un automate conscient, mais un simple automate; je ne suis pas libre de faire ce que je veux quand cela me plaît !

— Les atomes, reprit tranquillement M. Tacaud, obéissent à des lois précises et immuables que les chimistes et les physiciens ont découvertes et étudient sans cesse; depuis que ces lois nous sont connues, nous savons que rien ne se passe au hasard dans la nature brute; nous pouvons prévoir rigoureusement tous les phénomènes de la matière inorganisée quand nous connaissons exactement toutes les conditions réalisées à un moment donné en un point donné. C'est ce que nous résumons en un mot, lorsque nous disons que les phénomènes matériels sont *déterminés*. Moi qui suis certain de n'être qu'une agglomération matérielle, je serais illogique en ne croyant pas que tout ce qui se passe en moi est *déterminé*.

— Alors, vous n'êtes pas libre! interrompit le prêtre. C'est là en effet une conséquence de votre matérialisme à toute épreuve. Et c'est là aussi ce qui va vous confondre et vous prouver que vous avez une âme! Je sens en moi ma liberté; je sais que je puis faire ce que je veux quand cela me plaît.

— Vous sentez votre liberté exactement comme vous sentez votre immortalité, et pour la même raison : pour la raison que vous parlez de vous à la première personne, et qu'un être qui parle à la première personne est libre.

— Vous parlez par énigmes; je ne vois pas où vous voulez en venir, mais j'ai une vague appréhension que vous allez me servir encore votre Sosie; je vous en prie, si cela doit être, parlons d'autre chose.

— Je ne ferai pas d'allusion à Sosie, je vous le promets, dit Fabrice en riant; je vais seulement vous montrer que vous ne pouvez pas affirmer la liberté humaine, et vous expliquer pourquoi vous en avez l'illusion.

— Ce n'est pas une illusion, dit le prêtre; je sens que je suis libre, et rien ne peut me faire renoncer à ma liberté.

— Et d'abord, qu'appelez-vous liberté? c'est bien, n'est-ce pas, cette faculté que vous avez d'agir à chaque instant pour des raisons qui sont en vous et de choisir, entre ces raisons, même celle qui vous paraît la plus mauvaise, si cela vous plaît?

— C'est tout à fait cela, acquiesça l'abbé.

— J'ai la prétention d'être exactement dans le même cas, et cependant je ne suis pas libre, reprit M. Tacaud. D'abord, *ces raisons qui sont en vous* à un moment donné sont précisément le reflet de l'état matériel de votre cerveau à ce moment donné. Ce serait être un bien mauvais déterministe que de ne pas admettre que l'état de votre corps, au moment où vous agissez, influe sur la manière dont vous agissez; c'est au contraire le facteur le plus important de votre action, dans la détermination de laquelle entrent cependant aussi les circonstances ambiantes; encore pourrait-on négliger de mentionner ces dernières, puisqu'elles n'influent sur votre acte que par la modification qu'elles apportent à votre organisme. Vous agissez donc, à un moment donné, pour des raisons qui sont en vous. Ces raisons, vous les connaissez et je ne les connais pas; je ne puis pas pénétrer dans votre subjectivité; je ne puis donc pas prévoir ce que vous allez faire, et vous me paraissez libre parce que j'ignore l'état de votre cerveau. Voilà déjà une première acquisition qui vous prouve que votre prétendue liberté n'exclut pas le déterminisme le plus absolu.

» Je pourrais même ne pas aller plus loin, car dans *les raisons qui sont en vous* je puis considérer que j'ai tout synthétisé, aussi bien les raisons elles-mêmes que le choix que vous faites entre ces raisons. Tout cela n'est que le reflet de l'état matériel de votre cerveau au moment où vous agissez.

— Et cependant, dit l'abbé en souriant, je sens bien, quand je me décide à faire une chose, que j'aurais aussi bien pu me décider à en faire une autre. Voici une bruyère; je la cueille et je vous la donne; j'aurais tout aussi bien pu ne pas la cueillir.

— Essayez donc, mon cher ami, répondit gaiement Fabrice. Je vous défie de n'avoir pas cueilli cette fleur.

— Certainement, dit le prêtre, je ne puis pas

actuellement ne pas l'avoir cueillie, mais j'aurais pu ne pas la cueillir.

— Tous ces conditionnels sont bien traîtres, remarqua M. Tacaud. Avec des conditionnels passés on ferait pendre les plus honnêtes gens; je me défie de ces complications du langage articulé.

— Tenez, continua l'abbé, voici une autre bruyère; je pourrais la cueillir et je ne la cueille pas; mais vous savez bien que j'aurais pu la cueillir tout à l'heure.

— Je vous défie de l'avoir cueillie tout à l'heure, dit Fabrice en riant. Vous ne voyez donc pas que je m'amuse de vous, mon pauvre ami, et que je veux vous amener vous-même à me dire que l'évolution de l'homme est *univoque*, que chaque moment ne se présente qu'une fois et que ce qui est fait est fait. Et voilà pourquoi vous ne pourrez jamais me prouver que vous êtes libre : du moment que vous avez fait quelque chose vous ne pouvez pas ne pas l'avoir fait; cela est de toute évidence.

— Mais je sens en moi que j'aurais pu ne pas le faire, affirma l'abbé.

— Gare à Sosie! menaça Fabrice en riant; c'est lui seul qui vous guérira de votre manie des conditionnels passés. L'abbé Jozon de maintenant n'est plus l'abbé Jozon de tout à l'heure; il a changé; mais il a continué à dire *Je*, en parlant de lui, et, du moment qu'il a continué à s'appeler *Je*, il croit qu'il est le même! *Je* a fait telle chose dans telles conditions; *Je* fait telle autre chose dans d'autres conditions, donc *Je* est libre. Malheureusement ce n'est plus le même *Je*; mais nous ne pouvons pas dire *Je* sans nous croire libres; cela est sûr. Voici un bâton sur lequel je m'appuie et qui me supporte; voici le même bâton cassé; il ne me supporte plus, donc il était libre de ne pas me supporter. Mais ce n'est plus le même bâton!

— J'ai changé, sans doute, dit l'abbé, mais quelle différence appréciable voyez-vous en moi qui soit comparable à celle que vous avez produite en cassant votre bâton?

— Votre corps n'a guère changé extérieurement, dit Tacaud, mais l'état de votre cerveau a énormément varié sans que je m'en sois aperçu; vous seul avez été au courant de ses variations, qui se sont traduites chez vous par des associations d'idées; or je ne vois pas votre cerveau et je ne sais pas lire dedans. *Si nous avions la forme de nos pensées, qui nous reconnaîtrait?* Elles changent du tout au tout en un dixième de seconde.

— Je sens que je suis libre, dit le prêtre. Tous vos arguments ne me convaincront pas du contraire.

— Être réellement libre, reprit Fabrice, ce serait, suivant l'admirable définition de M. Renouvier, être susceptible de commencements absolus; ce serait pouvoir introduire un élément nouveau dans le cours des choses; ce serait pouvoir faire mentir les lois de la physique et de la chimie. L'étude de cette liberté-là est donc accessible à l'observation, puisque l'observation permet de s'assurer que les lois matérielles s'appliquent partout et toujours; vous avez l'illusion de cette liberté absolue lorsque vous raisonnez, comme vous venez de le faire, avec vos conditionnels passés. « J'ai fait ceci à tel moment, mais *j'aurais pu faire autre chose au même moment si je l'avais voulu.* » Affirmation gratuite dont vous vous payez, car vous ne pouvez pas ne pas avoir voulu, à ce moment précis, ce que vous avez voulu.

Vous me dites que vous le sentiez; je veux bien vous croire, mais nous pouvons sentir des choses qui sont fausses; vous ne pourrez jamais vous démontrer expérimentalement, ni démontrer à personne ce que vous venez d'avancer, puisque votre évolution est univoque et que le moment passé ne se retrouvera jamais. Oh! si vous le démontriez une seule fois, la question serait vidée; il y aurait eu en vous un commencement absolu, puisque, dans l'état objectif des choses matérielles dont votre corps fait partie à un moment donné, vous auriez réalisé une opération *autre* que celle qui devait résulter à ce moment précis de cet état des choses matérielles; mais vous ne le démontrerez pas.

— Mais alors, si je ne suis pas libre, qu'ai-je besoin d'effort contre le mal? Tout se passera en dehors de ma volonté; votre déterminisme mène directement au fatalisme.

— Vous n'êtes pas libre, certainement, mon cher ami, reprit M. Tacaud, mais vous êtes intelligent, et c'est justement là ce qui va montrer que le fatalisme des Arabes est une maladie de la raison. Vous êtes intelligent, c'est-à-dire que vous pouvez tirer parti de votre expérience, autrement dit, pour ne pas employer le langage individualiste qui donne l'illusion de la liberté absolue, vous êtes un mécanisme variable à chaque instant sous l'influence des conditions matérielles et qui se perfectionne sans cesse sous cette influence. Je suppose que vous vous soyez brûlé une fois en touchant de la main une feuille d'ortie, vous ne pouvez pas ne pas vous être brûlé, mais vous êtes transformé en un nouvel abbé Jozon qui sait que l'ortie brûle; cette connaissance des propriétés de l'ortie est inscrite dans un mécanisme de votre cerveau, et quand, plus tard, un des abbés Jozon successifs que vous serez rencontrera de l'ortie, l'existence de ce mécanisme fera qu'il agira différemment en présence de cette plante cuisante : il ne la prendra pas et ne se brûlera pas comme la première fois, et cependant son acte sera déterminé par des raisons matérielles.

— Mais justement, interrompit l'abbé, ce futur Jozon que je serai pourra, s'il veut, toucher l'ortie et se brûler.

— Certainement, répondit Fabrice, c'est-à-dire que dans votre intelligence si vaste, et qui se meuble à chaque instant de notions nouvelles, il pourra y avoir d'autres notions, d'autres mécanismes qui vous détermineront à toucher l'ortie quoique vous sachiez bien qu'elle vous brûlera. Vous pourrez faire par exemple le raisonnement suivant : « Voici de l'ortie qui brûle, mais l'ami Tacaud prétend que je ne suis pas libre; je vais me brûler uniquement pour me prouver à moi-même qu'il se trompe »; ce raisonnement, vous mettrez peut-être un dixième de seconde à le faire, c'est-à-dire qu'il sera la cinématographie de plusieurs Jozon successifs pendant ce temps, et, à l'instant suivant, vous pourrez encore, malgré votre raisonnement *passé*, ne pas toucher l'ortie, à cause d'un autre mouvement de votre cerveau qui se sera produit pendant que vous tendrez la main vers la plante.

— Je comprends très bien ce que vous venez de me dire, répondit l'abbé, mais je ne vois pas par quel prodige de souplesse vous trouvez que le déterminisme ne conduit pas au fatalisme. Je vous le répète, si je sais que tout ce que je fais est indépendant de ma volonté, à quoi bon l'effort?

— Mais ce que vous faites n'est pas indépendant de votre volonté, reprit vivement Fabrice; seulement votre volonté est, comme les autres reflets intérieurs de votre cerveau, une conséquence de l'état actuel de votre corps. Votre volonté n'est pas absolue, n'a pas de commencements absolus, mais vous agissez toujours pour des raisons qui sont *en vous* et que vous seul connaissez; ainsi vous me paraissez libre, puisque je ne vois pas votre cerveau, et vous vous paraissez libre à vous-même, parce que vous vous considérez comme indépendant du monde; vous oubliez, à chaque instant, que votre subjectivité de chaque instant est le reflet d'un état actuel de votre cerveau, état qui, lui-même, résulte de son état antérieur et des impressions reçues de l'extérieur par l'intermédiaire des organes des sens. Vous faites ce que vous voulez, quand cela vous plaît, et cependant vous n'avez pas de commencements absolus, vous n'êtes pas libre.

» Le fataliste, au contraire de vous qui vous croyez indépendant du monde, croit le monde extérieur indépendant de lui; en d'autres termes, il pense que l'histoire du monde se déroule sans qu'il y prenne part, et il commet là une erreur analogue à la vôtre; l'Arabe laisse brûler sa maison parce qu'il pense que le sort de cet incendie est réglé d'avance *indépendamment de sa propre intervention* à lui Arabe; il croit le monde libre de lui comme vous vous croyez libre du monde; lui et vous, vous supprimez volontairement dans votre raisonnement une partie des causes qui existent; l'Arabe supprime les causes qui sont en lui, vous supprimez les causes qui sont en dehors de vous, au moins quand vous vous prétendez capable de commencements absolus.

— Je vous arrête à l'instant, interrompit l'abbé Jozon; vous venez de vous condamner vous-même; vous avez dit : l'Arabe supprime les causes qui sont en lui, moi je supprime les causes qui sont en dehors de moi; voilà des commencements absolus!

— Vous relevez là, tout simplement, reprit M. Tacaud, les erreurs qui résultent du langage courant. Le langage a été fait par des hommes qui se croyaient libres, et il ne permet de s'exprimer qu'en faisant de l'homme le sujet du verbe, c'est-à-dire le maître de ses actions; c'est toujours l'histoire du *Je* qui est immortel et libre par essence. J'aurais dû dire, pour être correct : Il se fait dans l'Arabe des raisonnements qui, etc. Le fatalisme est une monomanie aussi dangereuse que toutes les autres monomanies; il annihile l'individu qui en est atteint. Ainsi donc, c'est bien entendu, n'est-ce pas? le déterministe est celui qui croit qu'à un moment donné un de ses actes résulte à la fois de sa structure matérielle et de celle du monde ambiant; le fataliste croit que tout résulte du monde ambiant, lui-même étant annihilé; vous, vous prétendez qu'un acte peut naître en vous, avoir en vous un commencement absolu. Vous voyez donc que le déterminisme est aussi loin du fatalisme que de vous-même; et ce fatalisme que vous me jetez à la tête, il me semble qu'il dérive au contraire de votre croyance à la providence. Si quelqu'un peut prévoir l'avenir, comment serait-on libre? Vous connaissez sans doute l'argument tiré, contre la liberté absolue, de l'histoire de la trahison de Judas?

— Mais vous savez aussi, répondit l'abbé, comment on a répondu victorieusement à cet argument.

— J'avoue que je n'ai pas fort bien compris la réponse. Puisqu'on savait d'avance que Judas ne pouvait pas ne pas trahir, comment a-t-il trahi en toute liberté? Je crois que vous faites du mot liberté un usage exagéré en l'appliquant à des cas comme celui-là.

— Dieu a fait l'homme libre, dit le prêtre.

— Oui, mais il a déterminé à l'avance l'usage qu'il ferait de sa liberté, puisqu'il connaît l'avenir. J'ai entendu le P. Olivier, faisant une conférence à la cité paroissiale de Passy, prendre la parole au nom de Dieu le Père : « Je vous ai fait libres, disait-il aux hommes; jouissez en paix de votre liberté; blasphémez, soyez sacrilèges, cela m'importe peu : *Patiens quia æternus!* Mais attendons la fin; il viendra un jour où tout cela sera réglé : *Tunc ridebo!* » Et j'étais indigné, je l'avoue, d'entendre ce religieux vanter son Dieu de colère et de vengeance! Oh! il faut que vous croyiez l'homme libre! sans cela, la responsabilité n'existant pas, le châtiment serait injuste, et que deviendrait la religion sans la crainte du châtiment et l'espoir de la récompense?

— Je vous le répète, dit l'abbé, je sais que je

suis libre; je le sens et vous ne pouvez me convaincre du contraire.

— Le pape est-il libre? demanda Fabrice. Je parle naturellement des cas pour lesquels vous le reconnaissez infaillible, en matière de dogme, par exemple.

— Sans doute, le pape est libre, répondit le prêtre, mais Dieu l'inspire et lui montre la vérité.

— Et il ne pourrait pas vous dire autre chose que la vérité enseignée par Dieu! et il est libre!

— Sans doute, il est libre! dit l'abbé avec feu. Ce n'est pas être libre que d'être exposé à l'erreur et au mensonge. La fin de l'homme est le bien...

— Je vous arrête, mon cher ami, dit doucement M. Tacaud. Je ne saurais vous suivre plus loin; mon déterminisme scientifique exclut naturellement toute croyance au finalisme. Du moment que vous commencez à parler de la fin de l'homme, c'est comme si vous vous exprimiez en chinois!

— J'ai été plus large que vous, reprit l'abbé, car, enfin, je vous ai suivi dans les dédales de votre déterminisme, qui sont également de l'hébreu pour moi.

— C'est que vous espériez me prendre en

flagrant délit de sophisme, tandis que moi, je n'ai aucune prétention de vous démontrer qu'il n'y a pas de causes finales; mon esprit aime mieux rechercher la cause des choses dans les conditions mêmes des phénomènes, mais il m'est impossible de vous démontrer que tout ne se passe pas ainsi pour la plus grande gloire de Dieu. Mon explication déterministe me satisfait et me dispense de recourir aux causes finales qui ne me satisfont pas; vous prenez la méthode inverse : soit! je ne puis pas vous en empêcher, mais je ne vous suivrai que lorsque vous aurez pris en défaut l'interprétation matérialiste.

— Mais je l'ai prise en défaut à chaque instant depuis plusieurs jours, dit le prêtre; je vous ai sans cesse demandé de me démontrer que vous n'avez pas d'âme et vous n'y avez jamais réussi!

— Il y avait une fois, dit M. Tacaud, un mécanicien d'automobile qui était allé voir son ami à la campagne. Il lui démontra les merveilles du mécanisme; il lui expliqua les transmissions du mouvement; il lui fit en un mot la description complète de la voiture. L'ami écoutait avec admiration et interrompait souvent le mécanicien par des exclamations enthousiastes; puis, quand la démonstration fut finie, il ajouta : « Tout cela est certainement fort ingénieux, mais je ne comprendrai jamais que ta voiture puisse marcher sans chevaux! » Mon âme est semblable au cheval de l'automobile; je me persuade que tout fonctionnerait en moi sans âme, mais vous voulez m'en donner une! On peut aussi atteler un cheval à une pétrolette; on le fait même souvent quand elle est cassée; votre âme au contraire ne peut faire marcher qu'un corps parfaitement sain; dès que l'automobile est détraquée, l'âme s'en va!

— J'aime vos facéties et votre belle humeur, mon cher ami, dit l'abbé. La pétrolette marche fort bien sans chevaux, mais il lui faut un mécanicien, et le mécanicien a une âme grâce à laquelle il comprend le mécanisme de sa voiture et peut la mettre en marche.

M. Tacaud leva les bras au ciel!

— Mon diapason donne le *mi*, le vôtre donne le *la*! c'est moi qui ai tort! dit-il enfin avec un soupir.

— Voyons, mon ami, fit l'abbé conciliant, il ne faut pas vous mettre martel en tête! Je ne désespère pas encore de vous ouvrir les yeux à la lumière de la vérité, mais ce sera plus difficile que je ne le croyais, car vous avez un immense orgueil.

— Tandis que vous êtes tout humilité! murmura Fabrice.

— Vous me reprochez d'admettre *a priori* l'existence d'une âme immortelle; d'abord, je ne l'admets pas *a priori*, mais après de mûrs raisonnements; vous me reprochez d'admettre l'existence de Dieu et de ne pouvoir vous la démontrer; mais tout la démontre. Et vous voulez ensuite me faire accepter qu'il y a dans la matière les éléments de la pensée, hypothèse contraire au bon sens et dont vous ne pouvez démontrer le bien fondé!

— Je ne puis en démontrer *directement* la valeur, répondit M. Tacaud avec résignation, mais la démonstration scientifique du déterminisme *prouve* péremptoirement que les épiphénomènes de pensée n'ont aucune action directrice sur les phénomènes matériels de la vie. Je constate les lois physiques et leur rigueur; elles s'appliquent un très grand nombre de fois dans le moindre de nos actes, mais, quelle que soit la complexité de ces actes, ils sont déterminés puisque les lois physiques sont immuables. Croyez-vous aux lois physiques?

— Je crois que Dieu a dicté des lois à la matière qu'il a créée, répondit l'abbé; je crois aussi que ces lois peuvent, quand il lui plaît, fléchir devant sa volonté souveraine.

— Je n'ai jamais vu de miracle, dit M. Tacaud, mais je vous promets que si j'en constate jamais un, bien dûment, je renoncerai à mon matérialisme et je me ferai moine. Aussi bien est-ce la seule manière dont puisse se manifester à un orgueilleux comme moi l'existence d'un Dieu omnipotent.

— Mais l'histoire nous rapporte les miracles de Notre-Seigneur et ceux des saints, dit l'abbé.

— Les poètes grecs aussi nous rapportent des miracles auxquels vous ne croyez pas; permettez-moi donc de ne pas croire davantage à ceux que nous ont rapportés des enthousiastes ignorants comme les apôtres. Il faudra que je voie moi-même un miracle, dans des conditions où aucune supercherie ne puisse se glisser; alors, je vous promets que je me ferai moine, car il serait trop bête de continuer à se tromper aussi grossièrement en attribuant aux lois physiques une rigueur qu'elles n'ont pas.

— Lisez le livre que vient de publier le docteur Boissarie sur les miracles de Lourdes ; vous y verrez des exemples merveilleux, dûment constatés par un comité de médecins fort savants. C'est un livre qui restera dans les annales de la science ; c'est un admirable livre et d'une lumineuse bonne foi.

— Comme le célèbre Thomas, j'ai plus de confiance dans le témoignage direct de mes sens que dans celui des autorités les plus reconnues, répondit M. Tacaud. J'irai à Lourdes ; mais je me défie des cures prétendues miraculeuses et qui n'ont rien de plus étonnant que celles de la Salpêtrière ou de l'hospice Sainte-Anne. Voici un couteau que j'ai depuis longtemps et auquel je tiens beaucoup, il ne me quitte jamais dans mes herborisations. Je le mettrai dans une bouteille que je souderai moi-même au chalumeau. Je plongerai avec ferveur la bouteille dans la piscine sacrée et, si le couteau en sort sans que la bouteille se casse, je croirai en Dieu.

— Vous demandez à Dieu de faire un tour de

prestidigitation comme ceux de Robert Houdin, dit l'abbé en riant.

— Je lui demande la guérison de mon âme fermée à la foi, dit Fabrice avec le plus grand sérieux; c'est bien là une cure qui vaut l'allongement d'une jambe ou la réduction d'une hernie. Si mon couteau disparaît, je ne croirai plus à la conservation de la matière et je me ferai moine!

— Il est possible, dit le prêtre, que Dieu vous accorde ce miracle; vous vous trompez avec une si entière bonne foi qu'il ne peut vous en vouloir; paix sur la terre aux hommes de bonne volonté!

— Et si le couteau reste dans la bouteille, continua M. Tacaud, je n'en conclurai pas que Dieu n'existe pas, mais seulement que tout se passe comme s'il n'existait pas. Et d'ailleurs, pourquoi aller à Lourdes? pourquoi ne pas invoquer le miracle en ce coin sauvage de Bretagne? Dieu est bien ici comme là-bas, il me semble; nous allons faire l'expérience.

— Vous vous moquez, dit l'abbé; Lourdes est l'endroit que Dieu a choisi; pourquoi vouloir lui en imposer un autre?

— J'irai donc à Lourdes, dit M. Tacaud, mais,

si Dieu voulait bien faire un miracle ici, ce serait une excellente chose pour le pays. Les habitants sont très pauvres; un miracle exercé sur mon couteau suffirait à appeler dans ces landes une foule de pèlerins qui enrichiraient nos malheureux voisins.

— C'est à Lourdes qu'il faut aller, reprit le prêtre; mais en attendant, lisez, je vous en prie, le livre du docteur Boissarie; c'est une excellente lecture.

— Puisque vous le recommandez, répondit Fabrice avec défiance, c'est qu'il est l'œuvre d'un croyant, d'un esprit prévenu et qui a pu se persuader plus facilement que je ne le ferais moi-même. Le seul miracle auquel j'aie ajouté foi m'a été raconté par un mécréant comme moi qui partit pour Lourdes il y a quelque dix ans, par le train de pèlerinage. Ce train supplémentaire était garé dans les stations toutes les fois qu'un rapide devait passer. Je ne sais où, les pèlerins affamés descendirent pour aller au buffet, mais descendirent à contre-voie. Deux d'entre eux portaient un paralytique sur un brancard. Les employés de la gare, craignant un accident terrible, crièrent brusquement : « Attention, voilà le rapide ! » Un train arrivait à toute vapeur ; les deux porteurs, pris de panique, posèrent leur paralytique sur les rails et sautèrent sur le trottoir. Voici maintenant le miracle : le paralytique, voyant le train qui approchait, se leva de sa dangereuse couchette et courut au buffet pendant que la locomotive broyait le brancard qu'il venait de quitter. Et cela prouve que, lorsqu'on a la foi, il n'est pas besoin d'aller jusqu'à Lourdes pour être guéri ; il suffit de se mettre en route avec l'intention d'aller jusqu'au bout. C'est ce que pensa mon ami ; il revint sans aller jusqu'au bout du voyage, parce qu'il avait vu un miracle, et aussi parce que le train des pèlerinages manquait de confort.

— Vous vous moquez toujours, dit l'abbé avec une pointe d'humeur.

— J'irai donc à Lourdes, conclut Fabrice.

VI

L'INFINI ET L'ABSOLU

Dans le poulailler, une poule achevait de couver; le dernier œuf étant éclos, la mère se redressa, étira ses pattes fatiguées d'un long repos et secoua ses plumes à plusieurs reprises, tout en gloussant activement, pour retenir près d'elle ses poussins déjà téméraires. M. Tacaud ouvrit la porte du poulailler et fit sortir la mère; les petits suivirent avec des cris de souris effrayée, et s'éparpillèrent joyeusement dans la lande, sous le soleil.

— Aucun spectacle, dit l'abbé, ne m'a jamais plus étonné que celui de l'éclosion des poussins; au séminaire, nous avions une couveuse artificielle, et je suis souvent resté de longues heures en observation pour voir un de ces jeunes animaux sortir de sa coque. Je ne puis m'empêcher de songer à ce qu'était, il y a trois semaines, l'œuf qui a produit l'une de ces petites merveilles! Du blanc et du jaune, un mélange fluide et informe! Aujourd'hui voilà des poussins alertes et éveillés, admirablement outillés pour vivre dans votre lande. Et quelle complication de structure, que d'éléments divers! Le poussin se sert de tout cela avec une dextérité inouïe. Il s'étire paresseusement comme s'il était fatigué d'un long emprisonnement; il court, il boit, il mange, il a même peur comme s'il connaissait déjà les perfidies du monde! Et toutes ces opérations, il les exécute sans effort, sans hésitation, comme s'il savait faire tout cela depuis longtemps! Verrez-vous dans ce merveilleux petit animal une simple machine? Montrez-moi donc, dans votre chimie, un corps fluide ou visqueux qui, en quelques jours, et par ses propres moyens, se transforme en quelque chose d'aussi admirable qu'un poussin vivant!

— Ma chimie, comme vous l'appelez si improprement, répondit Fabrice, sera bien empêchée de vous montrer ce que vous demandez, tant que vous placerez *a priori*, en dehors d'elle, tous les corps qui jouissent des propriétés de l'œuf de poule ou de propriétés analogues. Il est bien certain que si vous divisez les corps matériels en deux catégories, celle des corps vivants et celle des corps bruts, et si vous définissez *chimie* la science qui étudie les propriétés des corps de la deuxième catégorie, vous ne trouverez jamais de corps vivants parmi ceux qu'étudient les chimistes. Il y a des choses bien étonnantes dans la chimie des corps bruts, il y en a d'autres dans celle des corps vivants, mais les phénomènes qui se passent dans les derniers ne sont pas *essentiellement* différents de ceux qui se passent dans les premiers. La science moderne l'a établi d'une manière indiscutable, et vous vous en rendrez compte si vous voulez bien faire de la biologie. Sans aller si loin, vous allez reconnaître par vous-même un caractère essentiel commun aux deux catégories de corps.

— J'en serai fort aise, dit l'abbé; voyons ce caractère commun.

— Si vous choisissez bien les œufs de poule

fécondés et pondus dans de bonnes conditions, et si vous les surveillez vingt et un jours dans une étuve aérée, à température convenable, chaque œuf vous donnera, à la fin de l'expérience, un poussin bien constitué, vivant et ne demandant qu'à continuer à vivre. Ceci vous l'admettez, n'est-ce pas?

— Parfaitement, acquiesça l'abbé.

— Donc, continua Fabrice, de même que pour une expérience physique ou chimique très simple, et dont vous connaissez les conditions, *vous pouvez prévoir*, sans erreur possible, ce qui résultera du fait d'avoir placé l'œuf de poule dans une couveuse artificielle. Vous pouvez affirmer que, dans les conditions de la couveuse, c'est-à-dire dans un air renouvelé à une certaine température, l'œuf détermine le poussin, le poussin est déter-miné dans l'œuf. Autrement dit, avec un œuf de poule, de l'air et de la chaleur, je sais faire un poussin, à coup sûr.

— Mais qui a fourni l'œuf de poule? interrompit l'abbé.

— Nous y viendrons tout à l'heure, répondit M. Tacaud. Si, au lieu d'un œuf de poule, vous aviez pris un œuf de cane, vous n'auriez pas constaté de grandes différences dans sa structure initiale, et cependant, placé dans la couveuse, cet œuf eût donné un caneton et non un poussin. Le caneton diffère du poussin par un très grand nombre de caractères importants, et l'on peut s'étonner que des êtres si peu semblables proviennent, dans des conditions identiques, de deux œufs si analogues; mais le caneton est, par lui-même, aussi curieux que le poussin, il est aussi compliqué et aussi merveilleusement coordonné.

— Qui a fourni l'œuf de cane? dit l'abbé.

— L'œuf de cane, continua Fabrice sans s'émouvoir, détermine le caneton comme l'œuf de poule détermine le poussin : les différences qui séparent le caneton du poussin tiennent donc aux différences si peu apparentes qui existent entre l'œuf de cane et l'œuf de poule. Que de sujets d'étonnement dans l'étude de ces faits de connaissance courante! Mais, au lieu de se cantonner dans une admiration stérile de l'œuvre du Créateur, les savants ont essayé de comprendre ces merveilles. Ce besoin de compréhension a donné naissance à trois sciences. La *Physiologie* étudie le mécanisme de l'être constitué, adolescent ou adulte, et montre que tous les mécanismes, si compliqués qu'ils soient, obéissent aux lois de la physique et de la chimie. La physiologie est une science très complexe.

— Qui a créé tous ces mécanismes? dit l'abbé.

— C'est l'œuf, au moyen d'air et de chaleur, répondit M. Tacaud. Étant donné un œuf de poule, l'*Embryologie* nous apprend comment, dans une couveuse artificielle, cet œuf devient poussin en trois semaines. L'embryologie est une science récente, mais déjà riche de faits et de documents; il faut plusieurs années pour l'étudier.

— Mais qui a fourni l'œuf de poule? insista l'abbé.

— J'y arrive, dit Fabrice. Comment se peut-il qu'un tel œuf, qu'un corps si merveilleux existe, dans lequel soient déterminés à l'avance tant de phénomènes d'une complexité inouïe et d'une précision mathématique, à cette seule condition qu'on lui fournisse, pendant vingt et un jours, de l'oxygène et une température constante?

— Oui, dit l'abbé; comment cela se peut-il?

— C'est la grande question à laquelle s'efforce

de répondre la troisième science dont je vous ai parlé, la science de l'*Origine des espèces*. De même que l'embryologie, cette science est née il n'y a pas longtemps, mais elle est déjà si avancée qu'il faut plusieurs années pour se mettre au courant de ses conquêtes. Donc, pour cesser de s'étonner en face de l'éclosion d'un poussin, il faut passer une dizaine d'années à étudier la Physiologie, l'Embryologie et l'Origine des espèces. Il est évidemment bien moins fatigant d'admettre que tout est ainsi parce que Dieu l'a fait ainsi, et qu'il y avait des poulets à l'époque silurienne, alors que cela est certainement faux. Il est plus facile de crier à la banqueroute de la science que de s'initier à ses merveilles, et c'est pour cela que votre catéchisme sera longtemps victorieux contre la vérité ; la vérité demande trop de peine !

— Vous parlez avec bien de la morgue, mon cher ami, dit l'abbé, l'on croirait, à vous entendre, que tous les croyants sont ignorants. Il y a eu de grands savants qui ont cru ; il y en a encore, il y en aura longtemps, pour la gloire de l'humanité.

— C'est que, comme l'a fait remarquer Pasteur,

il y a en chacun d'eux deux hommes distincts, le savant et le croyant, et que ces deux hommes distincts ne discutent pas ensemble. Le croyant est le plus exigeant, il défend au savant d'empiéter sur son domaine, et, pour avoir la paix, le savant s'incline et nie l'existence du conflit. On ne se dégage pas facilement d'une ignorance héréditaire de plusieurs centaines de générations, surtout quand l'éducation du jeune âge a renforcé systématiquement ce mysticisme anti-scientifique. Bien rares sont ceux qui arrivent, comme dit Brieux, à s'évader de cette hérédité, grâce à une éducation rationnelle et commencée de bonne heure. C'est pour cela que vous tenez tant à « instruire » les enfants. Tant que vous serez chargés de cette besogne, l'obscurantisme luttera victorieusement contre la lumière, et vous en serez chargés longtemps parce que les femmes tiennent à vous; le cerveau féminin s'ouvre plus aisément aux charmes de la poésie et de l'art qu'aux vérités sévères de la science positive; les mères vous donneront leurs enfants, et les enfants, devenus hommes, ne pourront plus se dégager de la croûte dans laquelle ils seront enfermés.

— L'Église vivra tant qu'il y aura des hommes, dit l'abbé.

— Je le crains, répondit M. Tacaud; cependant nous ne sommes plus au moyen âge; vous ne détenez plus la science; il y a des *clercs* en dehors de vous, et peut-être s'apercevra-t-on un jour que les progrès se font malgré vous; l'argument d'autorité se déplacera. Mais vous avez bien des cordes à votre arc!

— Vous devenez agressif, mon cher ami, dit l'abbé Jozon; je vous aime mieux dans la sérénité de vos convictions scientifiques; revenons à l'œuf de poule, s'il vous plaît.

— Revenons à l'œuf de poule, dit Fabrice. Nous en étions à l'origine des espèces, et je vous ai déjà trouvé opposé au transformisme sans lequel elle ne peut s'expliquer.

— Le transformisme n'est pas contraire au dogme, dit l'abbé.

— C'est entendu, mais je n'ai pas oublié qu'il ne lui est pas sympathique. Parlons-en tout de même, si vous voulez. Le transformisme explique comment l'œuf de poule actuel dérive d'un œuf un peu différent qui existait il y a quelques milliers d'années; cet œuf ancêtre déterminait un oiseau ancêtre *plus simple* que le poulet actuel; il dérivait lui-même d'un ancêtre plus simple, et ainsi de suite; le transformisme explique, *par des facteurs naturels*, cette évolution progressive des espèces. Ainsi, en remontant le cours des âges, nous trouvons que l'homme, le chien, la poule, le lézard, etc., dérivent d'ancêtres qui, il y a des milliers et des milliers d'années, étaient infiniment plus simples; plus simples même que les plus simples des êtres inférieurs aujourd'hui connus.

— Et le premier de tous ces êtres si simples, demanda malicieusement l'abbé, d'où dérivait-il?

— Il est certain, dit M. Tacaud, que la vie n'a pas existé sur la terre de toute éternité; la terre a été incandescente, et aucune substance vivante ne peut résister à une température de deux cents degrés. Donc la vie a apparu, cela est évident. Et le transformisme nous apprend qu'elle a dû apparaître sous une forme extrêmement simple, plus simple, je vous l'ai déjà dit, que les plus simples des êtres inférieurs aujourd'hui connus.

— Mais comment a-t-elle apparu? demanda l'abbé.

— Je l'ignore, répondit Fabrice. Le monde était à cette époque si différent de ce qu'il est aujourd'hui, que nous avons encore beaucoup à faire avant de nous imaginer quelles étaient, à cette époque, les conditions et les substances en présence. Il est fort possible, d'ailleurs, que les circonstances nécessaires à la synthèse de quelques molécules vivantes ne se soient rencontrées qu'une fois, en un point très spécial. Cela suffit pour nous rendre compte de tout ce qui s'est passé depuis.

— Et qui a réuni, en ce point très spécial, ces circonstances très spéciales?

— Qui a arrondi ce caillou que vous foulez aux pieds? reprit M. Tacaud. C'est le roulement, le ruissellement, la pluie, le vent, que sais-je, moi? toutes les causes naturelles. Dans l'évolution univoque du monde, il s'est rencontré une fois une synthèse de substance vivante, et voilà tout.

— Et voilà tout, fit l'abbé avec un sourire. M. Pasteur n'a-t-il pas démontré l'impossibilité de la génération spontanée?

— M. Pasteur a démontré que les bactéries, les moisissures et autres organismes qui apparaissent dans les bouillons et sur les aliments exposés aux poussières de l'air, n'y apparaissent pas tout seuls; il a vu que les germes de tous ces infiniment petits sont apportés là où ils se développent; autrement dit, il nous a appris que nous pouvons, par certains procédés, *mettre certaines substances à l'abri de l'envahissement par la vie;* cela démontre-t-il que l'on ne peut pas faire de matière vivante? L'illustre savant ne l'a jamais prétendu; on ne pourra jamais démontrer que la synthèse d'une substance vivante est impossible.

— Pourra-t-on démontrer qu'elle est possible? dit l'abbé.

— Je l'espère, répondit Fabrice, mais je n'oserais l'affirmer; la chimie a tant fait en cent ans qu'on ne sait pas où elle s'arrêtera; en tout cas, si on fait de la substance vivante, ce ne sera probablement que de la substance vivante primitive, plus simple que toutes celles que nous connaissons aujourd'hui; elle se présentera peut-être sous une forme telle que nous ne la reconnaitrons pas. Il faudra aussi qu'elle se trouve à l'abri de toutes les espèces vivant aujourd'hui; espèces mieux adaptées aux conditions actuelles, et qui les détruiraient infailliblement. Les cultures pures de Pasteur sont donc une nécessité primordiale de la synthèse de substance vivante.

— Fera-t-on un œuf de poulet vivant et capable matériellement de se développer par incubation? demanda l'abbé.

— Si l'on fait un œuf de poulet identique à ceux qui existent, il sera vivant et capable de se développer par incubation, mais comment voulez-vous demander à l'homme de faire d'emblée ce que la nature a mis des millions d'années à perfectionner? Si l'on fait de la substance vivante, ce sera, je vous le répète, de la substance très simple et cela n'aura aucune importance.

— Cela n'aura en effet aucune importance, dit vivement l'abbé, et cela ne prouvera rien contre la création. J'admets que vous fassiez de la substance vivante dans un laboratoire; cela démontrera-t-il qu'elle a pu se créer toute seule autrefois? Pas le moins du monde, car dans votre laboratoire il y a un homme, *vous*! et il n'y en avait pas au moment de l'histoire du globe où vous placez cette synthèse hypothétique de la première molécule vivante. Si vous créez de la substance vivante, cela prouvera seulement que Dieu, en créant l'homme, lui a donné le pouvoir de faire de la substance vivante; mais il faudra d'abord m'expliquer l'homme, qui, lui, est vivant!

— Admirable, admirable! s'écria M. Tacaud. La synthèse de substance vivante ne vous est pas sympathique, mais vous prévoyez le cas où on la réaliserait, et vous prenez vos mesures! Comment n'y avait-on pas songé plus tôt? La science ne peut rien contre le dogme, puisque la science est donnée à l'homme par Dieu qui l'a créé. Toutes les découvertes du génie humain ne prouveront jamais que la toute-puissance du Créateur!

— Vous avez raison, mon cher ami, dit l'abbé, et, quoique vous parliez ironiquement, vous venez de dire une chose pleine de sens. Jamais la science n'atteindra la foi, c'est impossible, c'est absurde!

— C'est-à-dire, répondit Fabrice, que la foi finira par se cantonner dans un certain nombre de mots ayant la prétention de représenter des vérités métaphysiques inaccessibles à l'observation et à l'expérimentation. Alors en effet la science ne pourra plus atteindre la foi, mais, du moins, elle aura conquis le monde!

— Vous êtes bien affirmatif, reprit l'abbé; mais je suis décidé aujourd'hui à vous pousser dans vos derniers retranchements. J'admets donc, pour vous faire plaisir, que la vie a apparu comme une conséquence normale de la réalisation de certaines circonstances matérielles en un point du monde, à un certain moment. Et d'ailleurs, en vous accordant cela, je ne me mets pas en travers du dogme; nous avons le droit d'admettre que Dieu a seulement mis une âme dans l'homme, qu'il a seulement créé *sa substance, son âme,* ce qui est essentiel en lui, et qu'il a choisi pour cela un animal ayant suffisamment progressé dans l'évolution.

— Vous m'avez déjà dit tout cela l'autre jour, dit M. Tacaud.

— Eh bien! je vous l'accorde de nouveau; nous n'aurons plus à discuter cette question de l'origine matérielle du corps de l'homme et de l'apparition spontanée de la vie inférieure à la surface de la terre. Je vous l'accorde, non que vous m'ayez convaincu, mais parce que tout cela n'est pas contraire au dogme. Je veux bien l'admettre, surtout parce qu'il me reste, en dehors de cette question de la vie, des armes toutes-puissantes contre vous; on peut être beau joueur quand on a tous les atouts dans son jeu, comme vous disiez avant-hier.

— J'attends avec sérénité le choc violent de vos arguments décisifs, dit gaiement Fabrice.

— Je vous terrasserai d'un mot : l'*Infini!* dit l'abbé. L'infini dans l'espace et l'infini dans le temps! L'homme a en lui-même cette idée de l'infini; il sent qu'il y a un infini et qu'il ne peut le comprendre; la notion de cet infini incompréhensible nous impose la croyance en Dieu qui, seul infini, peut seul concevoir l'infini. Pascal, Newton, Pasteur, tous les grands génies humains ont essayé de comprendre l'infini, et, ne pouvant le comprendre, se sont prosternés devant Dieu avec humilité.

— Je ne me sens pas terrassé, dit M. Tacaud; je comptais vous dire beaucoup de choses à ce sujet, et je suis heureux que vous m'en ayez fourni l'occasion. J'ai même tant de choses à vous dire, que je ne sais trop par où commencer.

— Allez-vous me définir l'infini? dit l'abbé ironiquement.

— Soyez tranquille, répondit Fabrice. J'ai beaucoup pensé à cette question de l'infini, qui, vous venez de le dire, terrasse le génie humain et le réduit à l'humilité, et j'espère ne pas vous dire de choses trop déraisonnables. D'abord, la question de l'infini, si elle se pose chez tous les penseurs, n'est qu'un *pourquoi* enfantin, ou, si vous préférez, un *pourquoi* humain.

— Je ne comprends pas, fit l'abbé.

— Vous avez sans doute connu des enfants que leurs parents appellent « Monsieur Pourquoi ». Ce sont de petites cervelles curieuses qui se posent sans cesse des questions; parmi ces questions, quelques-unes sont raisonnables et ne laissent pas que d'embarrasser souvent les parents; d'autres sont franchement absurdes. Toutes ces questions naissent dans le cerveau des enfants en vertu de la structure même de ce cerveau, et nous n'éprouvons pas le besoin de nous tourmenter quand nous en entendons poser une qui n'a pas de réponse. Nous rions au contraire de ces pourquoi enfantins. Quand, à notre tour, nous autres hommes, nous posons à nous-mêmes des questions sans réponse, nous n'avons pas d'êtres supérieurs à nous qui puissent se moquer de nous comme nous rions de nos enfants. Alors, nous nous excitons sur ces questions; nous y voyons de grands problèmes, nous parlons de métaphysique! nous sommes très fiers d'être arrivés à nous poser, par un trait de génie, ces questions que nous ne pouvons résoudre! Et parce qu'il y a des questions qui se posent à nous et que nous ne pouvons résoudre, nous éprouvons le besoin d'imaginer un ou plusieurs êtres supérieurs capables d'en trouver la solution, absolument comme l'enfant s'imagine que son père doit pouvoir répondre quand il lui demande : « Papa, pourquoi que l'eau elle mouille? »

— Voilà un faux-fuyant derrière lequel vous ne vous déroberez pas, mon ami; vos prétendus pourquoi enfantins se posent à tous les hommes, et aux grands hommes plus impérieusement peut-être encore qu'aux autres. Pascal avait soif d'infini.

— Pascal était un homme, répondit M. Tacaud. Vous ne vous étonnez pas que les hommes aient tous un nez, une bouche, des dents, des yeux et des oreilles, mais vous vous étonnez qu'il y ait quelque chose de commun à tous les cerveaux humains, un caractère structural qui se traduise dans la subjectivité de chacun par les mêmes désirs, les mêmes aspirations, les mêmes questions! Si vous vous placiez comme moi sur le terrain de la Biologie pure, vous penseriez que vous, homme, n'êtes qu'un échelon de l'évolution progressive des êtres; vous êtes le résultat de transformations naturelles d'êtres préexistants, desquels vous tenez, par hérédité plus ou moins modifiée, aussi bien vos caractères physiques que vos caractères moraux. La parenté établie par le transformisme entre tous les êtres vous empêcherait de vous étonner des similitudes constatées entre nous; vous ne diriez pas qu'une question est forcément essentielle et raisonnable parce qu'elle se pose chez tous les hommes, de même que vous ne prétendez pas que le nez, commun à tous les hommes, est supérieur pour l'odorat à celui du chien. Et, connaissant votre humble origine, votre évolution toute naturelle, vous vous étonneriez, non pas qu'il y ait des choses que vous êtes incapable de comprendre, mais, au contraire, qu'il y en ait tant que vous compreniez et que vous compreniez si bien! Les conquêtes scientifiques du xixᵉ siècle me remplissent d'orgueil, je vous l'avoue humblement.

— Mon pauvre ami, dit l'abbé, voilà une défaite qui n'est guère brillante; vous m'aviez accoutumé à une défense plus soutenue, mais j'étais bien sûr de vous assommer avec cette question terrifiante de l'Infini! Ah! il est joli, votre argument! Je nie Dieu parce que ma raison triomphe de toutes les difficultés, et, quand il s'en présente une sérieuse, je change mon fusil d'épaule. Ma raison est une faible chose, dites-vous; elle me vient de mes ancêtres animaux, il ne faut pas s'étonner qu'elle soit faible; au contraire, plus je suis bête, plus je suis ignorant et incapable de comprendre les choses, plus cela prouve que je descends du singe et qu'il n'y a pas de Dieu!

-- Mon cher abbé, dit tranquillement M. Tacaud, vous reviendrez peut-être ensuite à cet argument que je viens de vous exposer et qui est certainement très raisonnable. La question du commencement et de l'immensité du monde se pose à tous les hommes en vertu de leur nature d'homme; je vous le montrerai tout à l'heure : j'ai d'ailleurs d'autres arguments qui vous convaincront probablement mieux, quoiqu'ils soient plus compliqués et plus difficiles à saisir.

— Je ne doute pas qu'ils ne soient encore plus mauvais, dit l'abbé triomphant.

— Regardez le Soleil qui nous éclaire. Savez-vous quelle est sa grosseur?

— Je sais qu'il est très grand et formé de matière peu condensée, dit l'abbé.

— Il est quatorze mille fois plus grand que la Terre, dit Fabrice. Pouvez-vous vous imaginer, vous représenter un objet qui est quatorze mille fois plus grand que la Terre? Un de mes professeurs m'a appris, quand j'étais enfant, que si le centre du Soleil se trouvait placé au centre de la Terre, la Lune, là où elle est actuellement, se trouverait placée dans le Soleil, comme un haricot dans le ventre d'un géant. Je m'imagine fort bien un haricot et un géant, mais je ne saurais me représenter l'immensité du Soleil.

— Ceci est parfaitement exact, dit l'abbé; je me suis souvent aperçu que je ne pouvais pas m'imaginer même la dimension de la Terre. Elle est trop grande par rapport à ce que je puis embrasser d'un seul coup d'œil, en montant sur une montagne élevée. Et si je me suppose placé très loin, dans des conditions analogues à celles où je me trouve par rapport au Soleil, par exemple, j'oublie la distance et je ne m'imagine plus la dimension absolue de ce que je regarde. Le Soleil ne me paraît pas très grand. J'habite à cent kilomètres du Mont Blanc, et je vois, par les temps clairs, ce géant des Alpes; mais, si nettement que je le voie, je le vois très diminué par la distance et je ne puis m'imaginer sa grandeur réelle. A plus forte raison ne puis-je pas m'imaginer la Lune ou la Terre, ou le Soleil, dans leur vraie dimension.

— Et savez-vous quelle est la distance qui nous sépare du Soleil? continua Fabrice. Ce globe incandescent met huit minutes à nous envoyer sa lumière, et la lumière parcourt trois cent mille kilomètres à la seconde. Pouvez-vous vous imaginer une distance aussi considérable?

— Je sais qu'elle existe et cela me suffit, dit l'abbé; je ne saurais me représenter une distance de plus de quelques kilomètres.

— Et la vitesse de la lumière, y avez-vous songé? Trois cent mille kilomètres à la seconde! Vous pouvez vous représenter la vitesse d'un caillou dont vous suivez la trajectoire, celle d'un train rapide qui passe ; vous ne pouvez déjà plus vous imaginer celle d'un boulet de canon ; pour celle de la lumière, il n'y faut pas penser. Et la lumière elle-même, qu'est-ce, sinon un mouvement vibratoire qui s'exécute plus de six cents trillions de fois à la seconde ? Ce mot de mouvement vibratoire, nous le comprenons quand il s'agit d'un mouvement assez lent, de celui d'une pendule, par exemple ; nous nous l'imaginons encore à peu près quand il s'agit d'un diapason donnant un son assez grave, et cependant, si nous regardons un diapason, nous le voyons déformé et élargi par son mouvement, nous ne voyons plus le mouvement : il est trop rapide. Qu'est-ce donc que le mouvement lumineux qui va un trillion de fois plus vite ! Nous le *comparons* grossièrement à un mouvement pendulaire, mais nous ne saurions nous l'imaginer. Sans parler de quelque chose d'aussi petit que la vibration lumineuse, avez-vous quelquefois regardé dans un microscope ?

— On m'y a montré les bacilles de la tuberculose, dit l'abbé.

— Et avez-vous essayé de vous imaginer la

dimension *réelle* de ces bacilles qui vous faisaient l'effet d'un léger trait de plume de deux millimètres de long? Si vous les regardiez avec un grossissement de 1200 diamètres, cela faisait un grossissement de un million quatre cent quarante mille en surface. Pouvez-vous vous représenter quelque chose qui est un million quatre cent quarante mille fois plus petit qu'un léger trait de plume de deux millimètres de long?

— Je n'ai jamais essayé de me l'imaginer; je sais quelle est la dimension absolue du bacille de Koch; je puis l'exprimer en fractions de millimètre, et cela me suffit pour en parler.

— Nous parlons en effet de ce qui est très grand ou de ce qui est très petit, mais nous en parlons dans le langage mathématique qui, malgré sa précision, ne *représente* rien à notre esprit. Nous ne pouvons pas nous imaginer la dimension du Soleil et, malgré tous nos efforts, nous restons, lorsque nous nous servons du langage ordinaire, dans un cas analogue à celui de l'enfant qui demandait à son père : « Est-ce bien grand l'Afrique? Est-ce beaucoup plus grand que le clocher de l'église? »

— *Sic parvis componere magna solebam*, ajouta l'abbé.

— C'est ce que nous faisons sans cesse, reprit Fabrice. Nous ne saurions nous représenter les dimensions d'un objet qui est par trop disproportionné avec nos dimensions propres ou avec les dimensions des objets qui frappent nos sens. Quand nous disons qu'une étoile met trois mille ans à nous envoyer sa lumière, nous ne pouvons pas nous représenter sa distance comme plus grande que celle d'une autre étoile qui ne met que soixante-dix-sept ans à le faire, ou même que celle du soleil qui n'est qu'à huit minutes de nous, car la distance du soleil est déjà bien loin au-delà des plus grandes distances que nous puissions nous représenter. Cela tient à notre nature d'homme, à nos dimensions et à nos organes des sens. Supposez pour un instant un homme grand comme le soleil, ce que nous pouvons supposer sans nous l'imaginer; il se représentera la dimension du soleil, mais il aura de la peine à se représenter la distance du soleil à la terre et il ne pourra pas se représenter celle qui nous sépare d'une étoile lointaine; il ne pourra pas non plus se représenter quelqu'un d'aussi petit que nous, pas plus que nous ne pouvons nous représenter le bacille de la tuberculose. Supposez au contraire un homme aussi petit que le bacille de la tuberculose, il ne pourra pas se figurer la grandeur d'une maison, mais il ne pourra pas davantage se figurer celle d'une vibration lumineuse. Un être vivant, qui constitue une partie limitée du monde, ne peut rien se figurer de trop grand ou de trop petit par rapport à ses dimensions propres ou à celles des objets que lui font directement connaître ses organes des sens.

— Où voulez-vous en venir avec toutes ces remarques? demanda l'abbé.

— Simplement à ceci : que nous ne pouvons arriver à nous représenter, à comprendre ce qui est très grand ou ce qui est très petit par rapport à nous, même dans le domaine des choses finies; il n'est donc pas besoin d'aller jusqu'à l'infiniment grand ou à l'infiniment petit pour trouver les limites de la compréhension humaine. Tous nos raisonnements sur ces questions d'infini prouvent une fois de plus que nous sommes les victimes d'un langage qui nous permet de parler de ce que nous ne comprenons pas, comme nous avons déjà vu qu'il nous permet de parler très clairement de ce qui n'existe pas. *Words! Words!*

— Vous vous empêtrez dans des faux-fuyants qui m'étonnent de votre logique ; de plus en plus je m'aperçois que cette question de l'infini vous fait perdre votre lucidité ordinaire. Vous ne comprenez pas l'infini, donc ce n'est qu'un mot ! Il me semble cependant que je vous pose une question fort claire et fort précise en vous demandant quand le monde a commencé !

— Si je vous dis qu'il a existé de tout temps, vous me demanderez si je puis me représenter l'infini du temps passé ; comme je vous dirai que je ne le puis pas, vous me répondrez que le monde a commencé une fois, et qu'il a été créé par un être qui existait depuis toujours ; de sorte qu'à l'impossibilité pour ma raison de comprendre cette question de l'infini du temps, qui continue à se poser pour Dieu comme elle se posait pour le monde, vous ajoutez la nouvelle impossibilité de comprendre qu'on ait pu faire quelque chose avec rien.

— Dieu est un mystère pour l'homme ; si

l'homme pouvait concevoir Dieu, il serait Dieu.

— De sorte que vous substituez un mystère à un autre mystère! Nous voilà bien avancés! Mais je ne m'en tiens pas là et je vais vous montrer, je l'espère, après tous ces préliminaires embrouillés, que la question de l'infini est un pourquoi enfantin, un pourquoi anthropocentriste, si vous préférez.

— Voyons cette démonstration; elle m'intéressera fort, dit l'abbé avec un sourire de triomphe; mais vous n'êtes pas dans vos bons jours, mon cher ami, et vous m'avez fourni jusqu'à présent des arguments bien misérables.

— Vous me demandez si je puis me représenter l'infini du temps passé; mais d'abord, qu'est-ce que le temps? dit Fabrice.

— Ah! ah! Je m'y attendais! dit l'abbé. Définissez-moi le temps ou bien je vous dirai que je ne comprends pas votre question de l'infini du temps! Définissez-moi l'espace ou bien je vous dirai que je ne comprends pas votre question de l'infini de l'espace! C'est admirable! Savez-vous, mon cher ami, que, pour un homme qui prétend que le dogme se réfugie derrière des arguties afin de déjouer les poursuites de la science, vous vous montrez vous-même fort habile à éluder les questions embarrassantes? Ah! il vous faut une définition du temps! Peste! vous allez bien! Mais vous savez bien qu'on ne peut pas tout définir; il faut conserver au moins quelques mots qui se comprennent d'eux-mêmes et qui servent à définir les autres. « Il n'y a pas de définition des choses primitives », a dit Claude Bernard, votre maître. Le célèbre mathématicien Poinsot, à qui un ami parlait du temps, lui demanda : « Savez-vous ce que c'est? » et comme l'ami ne répondait pas : « Eh bien! parlons d'autre chose », dit-il.

— Non, répondit tranquillement Fabrice; parlons du temps, si vous le voulez bien; je vais peut-être rabattre un peu de votre assurance en appelant à mon secours le terrible Sosie.

— Encore un auxiliaire auquel vous vous adressez chaque fois que vous vous sentez pris par la solidité de mes raisonnements; vous savez que ce Sosie m'est antipathique, et vous me le lancez entre les jambes pour faire vaciller ma raison.

— L'autre jour, commença M. Tacaud, nous sommes tombés d'accord sur ceci que l'homme varie sans cesse. Je ne m'occupe que de sa subjectivité; je laisse de côté la forme matérielle du corps dont les variations sont infiniment moins apparentes pour chacun de nous; *Je* suis différent de ce que j'étais il y a un instant et de ce que je serai dans un instant. Ma vie est une succession ininterrompue de *Je* distincts dont chacun ne dure qu'un instant, est, si vous le voulez, en dehors du temps. *Je* est actuel et extemporané, quoiqu'il s'imagine tout le contraire.

— Je vous vois venir, dit l'abbé; je vois votre *succession* de *Je*, et je sens que vous allez définir le temps comme une succession, sans vous apercevoir que dans le mot succession, il y a l'idée de temps! Une définition n'est bonne que si elle emploie uniquement des termes dont aucun n'emprunte de près ou de loin le secours de l'idée à définir.

— Merci, dit Fabrice; ceci est aussi dans Claude Bernard; je l'y ai lu il y a vingt ans. Je vous disais donc que la vie d'un homme dans le temps est une succession continue de *Je* dont chacun est extemporané. Il n'y aurait aucun lien entre ces *Je* successifs, n'était l'épiphénomène de mémoire, conséquence forcée du phénomène d'*assimilation* qui constitue la vie au point de vue objectif. Cet épiphénomène de mémoire fixe, dans la subjectivité de chaque *Je*, la représentation de toutes les opérations des *Je* qui l'ont précédé. S'il n'y avait pas de mémoire, *Je* n'aurait pas la notion de temps; c'est *Je* qui crée le temps avec sa mémoire; or, la mémoire, conséquence de l'*assimilation* caractéristique de la vie, n'appartient qu'aux êtres vivants; donc, en dehors des êtres vivants, le temps n'existe pas. Cela est parfaitement clair.

— Je ne trouve pas, dit l'abbé. Je vois seulement que vous employez à tort et à travers des expressions qui contiennent l'idée de temps, pour définir le temps. Ce n'est pas scientifique.

— Mais je n'ai pas défini le temps! reprit doucement Fabrice; j'ai seulement voulu vous montrer que la notion de temps n'est pas une notion primitive; c'est une conséquence de la vie! Et je vous dirai même tout net qu'il serait absurde de chercher à définir le temps avec le langage humain, *qui est dans le temps*. Le *Je* qui commence une phrase n'est pas le même que le *Je* qui la finit; ma définition du temps serait énoncée par une succession de *Je* qui est dans le temps et non par un *Je* unique qui a cependant, grâce à sa mémoire, la notion du temps. Il faudrait une définition du temps qui fût en dehors du temps, une représentation extemporané du temps; nous ne pouvons la donner avec le langage humain.

— Vous devenez plus compréhensible, dit l'abbé; mais je ne vois pas où vous voulez en venir.

— Simplement à ceci, répondit M. Tacaud, que la notion du temps est une conséquence de la vie; elle est introduite chez nous par la mémoire et elle est limitée aux limites de notre mémoire, c'est-à-dire à quelque chose d'un peu plus court que la durée de notre vie. L'homme est limité dans le temps comme il est limité dans l'espace, j'entends au point de vue subjectif, et il ne peut s'imaginer un temps beaucoup plus long que celui qu'il connaît. Je vous avoue que je ne fais pas beaucoup de différence, dans mon imagination, entre une durée de dix ans et une durée de vingt ans. Les siècles sont pour moi en dehors de toute représentation, et quant aux périodes géologiques, elles sont aussi inconcevables pour ma pauvre cervelle que la distance de Sirius ou la grandeur de la Voie lactée. Le très grand, dans le temps, est en dehors de toute représentation humaine, comme le très grand dans l'espace.

» Mais surtout, et ce que je tenais particulièrement à vous faire remarquer, c'est que notre *Je* est extemporané, actuel, et ne s'en doute pas à cause de sa mémoire qui lui donne la notion du temps ; c'est toujours l'illusion dont est victime ce malheureux *Je* qui lui fait croire à son immortalité, et qui pose pour lui la question de l'infini dans le temps et de l'infini dans l'espace. Vous voyez bien que ces questions sont des pourquoi anthropocentristes.

— Pardon, dit l'abbé, vous venez de me parler du temps et, sans admettre immédiatement ce que vous venez de me dire, je demande le temps d'y réfléchir ; mais vous concluez de l'infini du temps à l'infini de l'espace, et là je vous arrête.

— Voyez-vous, dit M. Tacaud, comme la mer brille derrière l'Ile Grande ! Toute la baie n'est qu'un grand lac d'or, et l'île d'Aval semble une petite taupinière rousse sur ce fond éblouissant.

— Le spectacle est très beau et très reposant, dit l'abbé ; je commence d'ailleurs à aimer profondément votre baie déserte ; ses aspects si variés m'offrent sans cesse des beautés inattendues; on goûte ici une paix délicieuse.

— Propre aux entretiens philosophiques, n'est-ce pas? interrompit Fabrice.

— J'avoue que la discussion philosophique est agréable dans ce beau paysage triste. Je pense d'ailleurs qu'elle n'est pas contraire à la cure d'air marin que le médecin m'a ordonnée.

— Certainement, dit M. Tacaud; l'esprit oisif se laisse volontiers aller à la tristesse, et rien n'est plus préjudiciable aux convalescents. Voyez-vous comme la flèche du poulailler coupe bizarrement le fond d'or de la baie?

— Pour moi, elle se profile sur l'île, répondit l'abbé; je suis à plus de deux mètres de vous.

— Ne vous dérangez pas de votre siège, dit Fabrice. Je voulais seulement vous faire faire cette remarque, que vous ne voyez pas la flèche là où je la vois. Croyez-vous que Dieu jouisse de la beauté du spectacle qui nous charme tous deux en cet instant?

— Dieu voit tout, répondit l'abbé.

— C'est en effet ce qu'enseigne le catéchisme, reprit M. Tacaud : « Il est partout, il voit tout, et il pénètre jusqu'aux plus profondes pensées de nos cœurs. » C'est bien cela, n'est-ce pas?

— Je regrette que, sachant si bien votre catéchisme, vous n'en tiriez pas plus de profit, dit l'abbé.

— Donc, Dieu voit tout; c'est entendu; mais, dans l'espèce, comment voit-il notre paysage? le voit-il comme moi ou comme vous? Voit-il la flèche du poulailler se profiler sur la mer ou sur l'île?

L'abbé hésita un instant.

— Il la voit comme moi, il la voit comme vous, il est en chacun de nous, dit-il enfin.

— Cela me paraît cependant fort difficile, reprit Fabrice, car enfin, s'il voit la flèche du poulailler se détacher sur la mer, il ne la voit pas sur l'île. Ce sont des choses contradictoires. Et remarquez que, sans que le pays change en lui-même, je n'ai qu'à me promener un peu pour que l'aspect sous lequel je le vois se modifie indéfiniment; il y a autant de manières de voir le paysage qu'il y a de points dans l'espace; supposez cent mille hommes autour de la baie; chacun d'eux verra une baie différente, un paysage différent. Sous quel aspect Dieu voit-il ce paysage? Le voit-il à la fois sous cent mille aspects différents et contradictoires?

L'abbé restait muet et semblait profondément absorbé.

— Comment n'avez-vous jamais songé à cela? dit M. Tacaud; je vous engage à réfléchir sur cette grave question à laquelle je ne sais pas si les conciles ont donné une réponse définitive. Regardez cette fourmi, sur cette feuille de trèfle, à côté d'une grosse goutte de rosée; elle voit sans doute dans cette sphère limpide tous les enchantements de l'arc-en-ciel; elle admire peut-être la splendeur de l'œuvre du créateur! Qu'elle fasse le tour de la goutte et il n'y aura plus rien!

» Nous admirons chaque soir le coucher du soleil sur la mer. Il y a des tons rouges et violets, des plaques vert d'eau et des rais orangés. A quoi tout cela est-il dû? A ce que les rayons qui viennent frapper notre œil ont rencontré, au-dessus de la mer, quelques flocons de vapeur d'eau. Le soleil est rouge! disons-nous; ce n'est pas vrai: c'est nous qui le faisons rouge en nous trouvant précisément dans ce petit coin où ses rayons n'arrivent qu'à travers la brume. Dieu voit-il ce coucher de soleil ? Mais en tel point de l'Amérique, le soleil se lève en ce moment même ; en tel autre point il est au zénith ; en tel autre il est caché, et la nuit règne. Comment Dieu voit-il son œuvre ? où se place-t-il ?

» Et l'île d'Aval, que nous voyons sombre sur ce fond lumineux, les gens de l'Ile Grande la voient rouge des feux du couchant ; l'oiseau qui passe la voit d'en haut, mi-rouge et mi-sombre au milieu de la mer calme. N'avez-vous jamais réfléchi que c'est l'homme qui crée le paysage ?

— Que voulez-vous me prouver ? où voulez-vous en venir ? dit enfin l'abbé.

— Je veux que vous réfléchissiez à l'anthropocentrisme, répondit M. Tacaud. Vous avez sans doute entendu parler de la nature de la lumière ; vous savez qu'un point lumineux émet des vibrations transversales qui se communiquent à l'éther et se transmettent de proche en proche en diminuant d'intensité avec la distance ; vous savez que, suivant la couleur du point lumineux, le nombre de ces vibrations varie de six cents à sept cents trillions, ou à peu près, à la seconde ; songez un peu que, si nous voyons ce paysage admirable, c'est que chacun des points du pays qui est devant nous vibre avec une vitesse prodigieuse et émet sans cesse ses vibrations, en tous sens, dans l'éther ambiant. Je ne puis songer sans terreur à ce nombre fantastique de vibrations incessantes; j'ai peur de devenir fou quand je constate mon incapacité de représentation de cette chose si naturelle. Et cependant je sais que, si je vois le paysage, c'est que mon œil perçoit, en un petit endroit de l'espace immense, toutes les vibrations lumineuses qui arrivent en ce petit endroit, d'où qu'elles viennent! Mon œil est une petite fenêtre par laquelle tout ce chaos de mouvements vibratoires impressionne ma subjectivité; c'est moi qui crée le paysage tel que je le vois. Car qu'y a-t-il en réalité dans ce pays, autour de moi? Des trillions et des trillions de molécules dont chacune exécute simplement son mouvement pendulaire infiniment rapide; chaque molécule vibre pour son compte autour de sa position d'équilibre, et son mouvement déplace sa voisine qui vibre à son tour, et ainsi de suite. De tout cela, je tire l'impression d'un admirable paysage; mais supprimezmoi : il n'y a plus d'ensemble, plus de synthèse, plus d'espace en un mot. Pour chaque molécule il n'y a rien en dehors de son propre mouvement vibratoire autour de sa position d'équilibre. Pour Dieu, qui est partout et qui n'est nulle part plus particulièrement qu'ailleurs, il n'y a que des molécules qui vibrent; c'est un chaos effrayant!

— En effet, dit l'abbé, cette simple constatation de l'immensité des phénomènes qui se passent en un si petit point de notre globe a quelque chose de terrifiant. Dieu seul peut songer à son œuvre; elle est au-dessus de la compréhension humaine.

— Notre analyse la pénètre bien cependant, répondit Fabrice, si la synthèse nous effraie. Mais quel charme, dans notre humilité, que de nous sentir, malgré tout, créateurs de tout ce qui est beau et qui nous émeut! Notre univers est en nous, mon cher ami, et en nous seuls; et si nous ne pouvons concevoir l'infini du monde, c'est que le seul monde dont nous ayons connaissance est celui que nous créons dans notre subjectivité; nous sommes limités et nous créons un monde limité, mais nous tirons des merveilles du chaos. Vous souvenez-vous d'une vallée lointaine et charmante où un jour, seul avec vous-même, vous avez goûté l'admiration pure des beautés champêtres? J'aime pour ma part à évoquer de tels souvenirs, et ils sont empreints d'une certaine tristesse, car cette beauté n'existe plus! C'est moi qui ai créé cette vallée et ses aspects délicieux; maintenant peut-être personne ne la parcourt; il n'y a là qu'un amas confus de molécules vibrantes dont chacune ignore sa voisine. La notion d'étendue, de grandeur, c'est nous qui la créons, car, en dehors de l'être vivant, chaque molécule ignore toutes les autres! Il y a deux mètres d'ici là, dites-vous? Allons-nous-en, et il n'y aura plus rien que des points séparés dont chacun est seul au monde. La vie, qui nous procure la notion de temps par la mémoire, nous donne aussi la notion d'espace en assurant une subjectivité unique à un ensemble de molécules occupant une certaine étendue. Je dis la *vie* et non pas la vie de l'homme, car la notion d'espace et de temps existe chez le chien, chez le lézard, chez l'huître! C'est la vie qui crée le temps et l'espace. Mais elle crée le temps et l'espace dans la subjectivité de l'être vivant et là seulement;

l'être vivant est limité, le temps et l'espace qui se figurent en lui sont limités, nous ne pouvons pas imaginer l'infini, mais nous avons inventé un mot pour dire « ce qui n'est pas fini, *ce qui n'est pas comme les choses que nous nous imaginons* », et nous nous torturons l'esprit avec ce mot qui, par définition, représente ce qui est en dehors de la compréhension animale, de la synthèse subjective !

» Vouloir penser à l'infini, c'est vouloir sortir de sa nature d'homme, c'est vouloir être une mouette ou plutôt un géant qui lui-même ne serait pas fini. L'infini est un *mot* que nous avons créé pour notre propre souffrance, mais combien de gens sont heureux que ce mot existe et passeront leur vie à ergoter ! *Words! Words!*

— Mon cher ami, dit l'abbé sérieusement, vous venez de donner une admirable preuve de l'existence de Dieu !

— Et comment cela ? demanda vivement Fabrice. En vous montrant que les attributs dont nous affublons ce *mot* ne sont eux-mêmes que des mots vides de sens ! Votre Dieu immuable et doué d'ubiquité ne serait ni dans le temps puisqu'il est immuable, ni dans l'espace puisqu'il serait partout et que, être partout, cela équivaut à n'être nulle part. Les beautés de la nature, dans lesquelles vous lisez chaque jour la gloire du créateur, c'est nous qui les créons, chacun pour nous. Lui, il ne les verrait pas, il est partout. Vous lui prêtez une intelligence du même ordre que celle de l'homme et plus grande, beaucoup plus grande, mais vous oubliez que l'intelligence de l'homme résulte de la vie et de sa variation incessante ; un être immuable ne peut être doué d'une faculté qui résulte de la mutabilité. Tout cela, ce sont des mots, des mots ! Il faut être limité, fini, pour avoir la notion d'étendue et vous l'attribuez gracieusement à un être que vous douez en même temps de propriétés antagonistes, l'infini dans l'espace et dans le temps. O pauvre cervelle humaine !

— Dieu est un mystère insondable pour l'homme ; nous ne pouvons dans notre humilité nous représenter sa splendeur infinie, dit l'abbé.

— Nous ne pouvons pas nous imaginer qu'il soit, et nous devons y croire et l'aimer ! Vous ne voyez donc pas que ce sont des mots : « Je crois en

Dieu! j'aime Dieu de tout mon cœur! » Comment peut-on aimer un être qu'on ne peut s'imaginer? Mais ce sont des formules qui vous plaisent, et vous promettez des récompenses éternelles à ceux qui veulent bien les répéter sans les comprendre. Et ce qu'il y a de plus fort, c'est qu'ils s'imaginent comprendre ces formules cabalistiques! Au moyen âge, on brûlait ceux qui prononçaient des mots magiques... *Beati pauperes spiritu!* Il ne faut pas essayer de comprendre qu'on ne comprend pas!

— Votre orgueil vous rendra fou, mon pauvre ami, dit l'abbé.

— Si c'est de l'orgueil que de refuser de croire le contraire de ce qui est évident, je suis rempli d'orgueil, dit Fabrice. Si c'est être fou que de vouloir comprendre, je suis fou! Mais laissons de côté ce Dieu que l'homme a créé avec des mots, et précisément avec tous les mots qu'il ne comprend pas. Aussi bien, n'avais-je pas l'intention de vous parler de tout cela; je voulais seulement vous apprendre à vous placer quelquefois au point de vue absolu, en dehors de l'anthropocentrisme. Les mathématiques sont la seule langue qui nous le permette et, malheureusement, vous n'avez pas étudié ce langage, en dehors duquel il n'y a point de science. Nous ne pouvons parler ni du temps ni de l'espace puisque nous sommes dans le temps et dans l'espace, mais les mathématiques nous permettent d'en sortir pour ainsi dire et de raisonner comme si nous n'étions pas des hommes. « Il n'y a de science proprement dite dans les sciences physiques, dit Kant, que ce qui s'y trouve de mathématique. » En dehors de la langue mathématique il n'y a que mots à double sens ou, ce qui est pire, n'ayant pas de sens du tout. Mais depuis quelque temps des philosophes se sont amusés à gâter l'admirable ouvrage des mathématiciens en raisonnant son mécanisme avec le langage ordinaire; que n'a-t-on pas écrit sur l'infini mathématique! Et pourquoi? précisément parce qu'aucune question irritante ne se posait en mathématiques au sujet de l'infini. Mais il faut bien que les hommes déraisonnent pour passer leur temps. C'est ce que nous venons de faire, et je commence à avoir mal à la tête.

— Vous avez cependant réussi à me prouver que je dois considérer Dieu comme le mathématicien idéal! Je ne déteste pas cette conclusion, dit l'abbé.

M. Tacaud fit un geste de désespoir.

— Allons, fit-il ; il est temps que je fasse rentrer la poule et sa couvée ; il y a des renards dans le pays, et la nuit est propice aux crimes.

Mars 1901. Sanatorium d'Hauteville.

TABLE DES MATIÈRES

I. — La méthode et l'argument d'autorité............. 7
I'. — Les superstitions et la géologie................. 39
III. — L'intelligence des animaux..................... 79
IV. — La mort....................................... 127
V. — Matière et pensée.............................. 171
VI. — L'infini et l'absolu............................ 211

Coulommiers. — Imp. Paul BRODARD. — 335-1901.

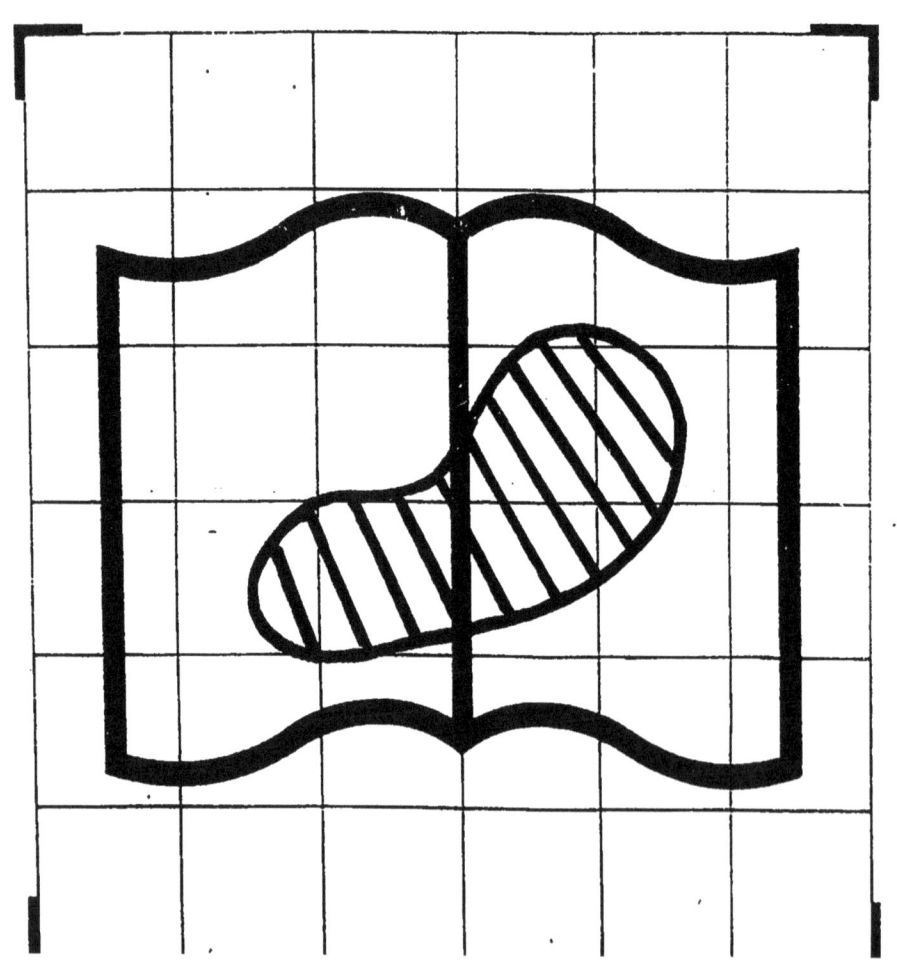

Librairie Armand Colin, 5, rue de Mézières, Paris.

La Nouvelle Monadologie, par MM. Ch. Renouvier, membre de l'Institut, et L. Prat. Un vol. in-8° de 546 pages, broché . . . . 12 »

La Monade. — La Composition des Monades. — L'Organisation. — L'Esprit. — La Passion. — La Volonté. — Les Sociétés. — La Justice.

Bibliothèque du Congrès de Philosophie :

I. **Philosophie générale et Métaphysique.** Un volume in-8° cavalier de 460 pages, broché. 12 50

Pour paraître ultérieurement :

II. **Morale.** Un volume in-8° cavalier de 480 pages environ.
III. **Logique et Histoire des Sciences.** Un volume in-8° cavalier de 700 pages.
IV. **Histoire de la Philosophie.** Un volume in-8° cavalier de 480 pages.

Science, Patrie, Religion, par M. F.-A. Aulard. Une brochure in-16. . . . . 1 »

Solidarité, par M. Léon Bourgeois, député. Un volume in-18 jésus, broché. . . . . 2 »

Revue générale des Sciences pures et appliquées

(12e année). Directeur : M. Louis Olivier.

Paraît le 15 et le 30 de chaque mois. — Le numéro. 1 25

ABONNEMENTS (du 15 de chaque mois)

SIX MOIS		UN AN	
Paris	11 »	Paris	20 »
Départements.	12 »	Départements.	22 »
Colonies et Union postale . . .	13 »	Colonies et Union postale . . .	25 »

Revue de Métaphysique et de Morale (9e année). Secrétaire de la Rédaction : M. Xavier Léon.

Paraît tous les deux mois. — Le numéro. . . . 3 »

ABONNEMENT ANNUEL (du 1er Janvier)

France	12 »	Colonies et Union postale . . .	15 »

www.ingramcontent.com/pod-product-compliance
Lightning Source LLC
Chambersburg PA
CBHW050652170426
43200CB00008B/1258